인공지능이
가르칠 수 있다는
착각

함께 걷는 교육 23
인공지능이 가르칠 수 있다는 착각
AI 시대, 교육의 가치와 교사의 역할을 다시 묻다

초판 1쇄 펴낸날 2025년 6월 23일

지은이 김성우 김재인 김현수 천경호
펴낸이 홍지연
기획 실천교육교사모임

편집 홍소연 김선아 김영은 차소영 조어진 서경민
디자인 이정화 박태연 정든해 이설
마케팅 강점원 신예은 김가영 김동휘
경영지원 정상희 배지수

펴낸곳 (주)우리학교
출판등록 제313-2009-26호(2009년 1월 5일)
제조국 대한민국
주소 04029 서울시 마포구 동교로12안길 8
전화 02-6012-6094
팩스 02-6012-6092
홈페이지 www.woorischool.co.kr
이메일 woorischool@naver.com

ⓒ 김성우, 김재인, 김현수, 천경호 2025
ISBN 979-11-6755-338-6 03370

* 책값은 뒤표지에 적혀 있습니다.
* 잘못된 책은 구입하신 곳에서 바꾸어 드립니다.

만든 사람들
편집 김선아 조어진
디자인 윤정우

인공지능이 가르칠 수 있다는 착각

AI 시대, 교육의 가치와 교사의 역할을 다시 묻다

실천교육교사모임 기획

김성우
김재인
김현수
천경호
지음

우리학교

들어가며

인공지능 시대,
다시 교육을 고민하며

 2024년 교육계의 가장 큰 이슈는 AIDT(인공지능 디지털 교과서)였습니다. 교육 격차 해소를 위해 수조 원의 예산을 들여 AIDT를 도입하겠다는 교육부의 발표를 듣고, 제일 먼저 떠올린 것은 '예산 삭감'에 대한 걱정이었습니다. 아니나 다를까 곧이어 기초학력보장사업 예산이 50퍼센트 이상 삭감되었다는 소식이 들려왔습니다. 또 다양한 발달의 스펙트럼과 사회 경제적 격차로 어려움을 겪는 아이들을 조기 진단하고 맞춤 지원하기 위해 2026년부터 전면 시행되는 학생맞춤통합지원 시스템 역시 별도의 예산 지원 없이 실시된다고 합니다.
 이에 제가 속한 실천교육교사모임에서는 기초학력 보장과

학생맞춤통합지원 시스템 사업을 지원하는 일보다 AIDT 사업이 더 중요하고 교육적으로 효과적이며 학생의 건강한 성장과 발달에 도움이 되는 사업인지 살펴보고자 했습니다. 또한 이를 계기로 인공지능에 대한 이해를 넓히고, 인공지능의 교육적 효과를 높일 수 있는 방안을 모색하고자 했습니다. 이것이 2024년 겨울, 교원의 전문성 신장을 지향하는 교원 단체로서 실천교육교사모임이 '인공지능과 학교'를 주제로 여러 전문가를 초청하여 강연과 대담을 준비한 이유입니다.

2025년 새해가 밝자마자 실천교육교사모임 교사들은 기술철학자 김재인, 응용언어학자 김성우, 정신건강의학과 전문의 김현수 등 여러 전문가와 함께 인공지능과 리터러시, AIDT, 챗GPT, 유튜브, 소셜 미디어, 정신 건강 등을 주제로 많은 이야기를 나누었습니다. 여러 전문가의 강연을 먼저 들었고, 이어서 현장 교사들의 다양한 고민과 생각을 공유했습니다. 이 자리를 통해 인공지능에 대한 많은 의문과 걱정을 해소할 수 있었고, 교사와 학교의 역할에 대해 다시금 깊이 고민할 수 있었습니다. 그 뜨거웠던 현장의 이야기를 더 많은 분과 나누고 싶어 그 강연과 대담을 담아 책으로 엮었습니다.

교사는 바쁩니다. 아침에 출근해서 저녁에 퇴근할 때까지 수많은 아이를 마주하는 일은 물론, 각기 다른 업무와 사업, 행사를 쉴 새 없이 시행하며 메시지로 혹은 대면으로 여러 담당자와 소통하며 지냅니다. 메시지가 와도 자세히 읽어 볼 여력이 없을 때가 많습니다. 업무 포털에 쌓여 있는 공문을 하나하나 클릭하고 내용을 살펴보느라 눈앞에서 말다툼하는 아이들조차 돌볼 겨를이 부족할 때도 있습니다. 그렇다 보니 AIDT에 수조 원의 예산을 들여 교육 격차를 해소하겠다는 교육부 발표에도 많은 교사가 깊은 관심을 기울이지 못하는 형편입니다. 학생은 가깝고 교육부는 멀리 있으니까요.

하지만 학교와 멀리 떨어진 이들이 내린 중요한 의사결정이 학교에 미치는 영향은 지대합니다. 그들이 만든 법과 제도에 따라 아이들을 가르치는 교사의 교육 활동이 제한되기 때문입니다. 그들이 세워 놓은 예산 계획에 따라 학생을 가르치는 학교의 수업과 생활 지도가 제한되는 겁니다. 그래서 더욱이 책을 더 많은 선생님과 함께 읽고 싶습니다. 무엇이 우리 아이들에게 가장 필요한지 함께 고민하고 같이 해결책을 모색하고 싶기 때문입니다.

또한 교사뿐 아니라 아이들의 성장과 교육에 관심 있는 시민들과도 함께 읽고 싶습니다. 인공지능 시대에 교육의 의미와 학교의 역할을 다시금 성찰해 보는 것은 우리 모두에게 중요한 일일 것입니다.

 우리는 과학기술의 발달로 아이들이 반드시 습득해야 할 기능을 되레 상실하지 않도록, 더 많은 기능을 습득하도록 해야 합니다. 또 다양한 발달 스펙트럼과 사회 경제적 배경을 가진, 각기 다른 아이들의 사회적 상호작용을 기술이 뒷받침하도록 해야 합니다. 많은 이의 노고와 소중한 세금이 헛되지 않도록, 모두가 함께 해답을 찾아가는 데 이 책이 작은 길을 열었으면 좋겠습니다.

실천교육교사모임 회장

천경호 올림

차례

들어가며 _ 인공지능 시대, 다시 교육을 고민하며   005

1. 인공지능과 학교라는 시스템 | 김재인   011
◇ 김재인×한희정 대담

2. 디지털 부작용에서 아이들을 지키려면 | 김현수   065
◇ 김현수×동소희 대담

3. 인공지능은 리터러시 생태계와 교육을 어떻게 바꿀까? | 김성우   121
◇ 김성우×천경호 대담

덧붙이는 글 _ AIDT가 교육 격차를 해소할 수 있을까? | 천경호   213

인공지능과 학교라는 시스템

김재인

안녕하세요? 제가 오늘 이야기할 주제는 크게 '인공지능과 학교라는 시스템'인데요, 인공지능에 관한 이야기에 앞서 '인간이란 무엇인가'에 대해 살펴보려고 합니다.

얼마 전 제 책이 한 권 출간되었는데, 제목이 『공동 뇌 프로젝트』입니다. 창의성, 융합, 미래 역량 교육이라는 세 가지 주제로 쓴 책이에요. 책 제목에 '공동 뇌'라는 표현을 썼는데, 제가 말하고자 하는 공동 뇌란 각 인간의 머릿속에 있는 뇌가 아닌, 문화나 문명이라는 이름으로 우리가 간직하고 만들어 낸 것입니다.

사람은 태어나면 공동 뇌에 저장되어 있는 것을 재빨리 받아들여요. 다른 동물들은 그냥 맨땅에서 시작하지요. 유전자에 새겨져 있는 본능으로 모든 걸 헤쳐 나갈 뿐입니다. 자기 유전자에 새겨진 능력과 역량을 발휘하는 건 인간을 포함해 모든 동물이 하는 일이지만, 인간은 그것 말고도 공동 뇌에서 역량을 끄집어내서 성장합니다. 일단 가져다 쓴 뒤, 자신이 추가할 수 있는 게 있으면 공동 뇌에 가져다 덧붙이고 쌓아 나가죠. 인간은 이런 방식으로 살아갑니다.

저는 '공동 뇌'라는 개념을 만들었지만 그전에 우리가 사용했던 여러 가지 표현이 있어요. 문명이나 문화도 있고, 사회라는 말도 있고, 공동 지능, 공동 기억이란 표현도 있지요. 모두 비슷한 것을 가리킵니다.

이 공동 뇌를 수행하는 중요한 기관이 두 가지 있어요. 하나는 도서관입니다. 넓은 의미의 도서관이에요. 꼭 책뿐만 아니라 인류의 문명과 문화유산 같은 것이 저장되어 있는 곳을 말합니다. 다른 하나는 학교입니다. 학교는 인류의 모든 유산을 다음 세대에 전수하는 역할을 하는 곳입니다. 그래서 저는 학교의 위상을, 인간이라는 존재의 수준에서 이해할 필요가 있다고 주장합니다.

인간은 어떻게 살고 있고 어떻게 살아왔고 앞으로 어떻게 살게 될까요? 이를 저는 도서관, 학교, 개인이라는 세 개의 축으로 나누어 보았습니다. 먼저 도서관은 과거 인간이 만든 유산과 유물을 모두 모아 놓은 곳입니다. 이때 도서관이란 박물관, 미술관을 포함하는 개념이지요. 학교는 도서관에 쌓여 있는 유산과 유물을 다음 세대에 전달하고 재생산합니다. 학교를 통해 지식과 기술이 전수되고 공유되고 널리 확산되지요. 마지막으로 자유로운 개인들, 호기심 많고 특출한 개인들이 창조하고 실험하면서 새로운 성취를 만들어 냅니다.

이렇게 도서관과 학교, 개인이 서로 상호작용하고 순환하면서 성장하는데, 그중 하나라도 제대로 작동하지 않거나 순환이 막히면 인류는 정체하거나 퇴보하겠죠. 이 순환이 잘 이루어지게끔 하는 것은 인류가 앞으로 어떻게 나아갈 것인지에 대한 답과 긴밀한 관련이 있습니다.

그런데 그중 학교가 가지고 있는 이중성이 있습니다. 학교는 아이들에게 공동 뇌를 잘 전수해 주는 한편, 삐딱하게 벗어나 보라고 권하기도 해요. 이른바 창의 교육이라는 이름 아래 과거 유산에 대한 암기를 경시하는 경향도 있잖아요? 아이들이 과거의 무게에서 자유로울 수 있도록 하자는 건데, 사실 제멋대로 자유롭기만 하면 배우는 게 없겠죠? 과거의 인간들이 피땀 눈물 흘려서 만들어 낸 유산을 외면하면 동물과 똑같아지는 것이니까요. 이 유산을 외면한다면, 인간도 맨바닥에서부터 시작하는 어리석은 상황에 놓이는 것이죠. 그래서 학교의 두 측면을 잘 운영해야 합니다. 학교란 인간이란 존재의 본질적인 국면이라고 할 수 있습니다.

공감과 공명

인공지능 시대의 교육을 말할 때 학교와 더불어 짚어 봐야 할 것이 있어요. 바로 인간의 몸입니다. 저는 사람들 사이에 다양한 커뮤니케이션이 가능하다는 사실이 아직도 놀라워요. 사람끼리는 주로 언어를 통해 커뮤니케이션을 하지만, 언어가 아닌 형태의 커뮤니케이션도 분명히 있죠. 대표적으로 예술을 감상하는 경험이 그에 해당합니다.

가령 제가 라디오에서 어떤 교향곡을 들었다고 해 볼까요? 교향곡 제목도 모르는 상태에서는 제가 다른 사람에게 "야, 그거 좋더라."라고 말하고 나면 그다음에 할 말이 궁색해져요. 어떻게 좋은지 제대로 설명하기 어렵죠. 그 사람도 그 음악을 들어야만 느낌을 알 수 있어요. 하다못해 곡명이라도 말해 주어야 전에 들었던 경험을 상기할 수 있지요. 제가 경험한 방식이 귀로 들은 거니까요. 그 사람도 만약 그 교향곡을 들어 본다면 저와 비슷한 감동을 받겠죠. 그런데 이게 어떻게 가능할까요?

언어가 서로 이해되는 과정도 흥미롭지만, 비언어까지도 서로 이해할 수 있다는 건 참 흥미로운 점이에요. 예술가가 그림을 그리거나 음악을 작곡해서 다른 사람들에게 보여 주거나 들려주면, 그걸 보거나 들은 사람도 그 작품을 느껴요. 이 과정이 어떻게 가능할까요?

우리는 매일같이 경험하는 일이라서 특별히 의문을 갖지 않는데, 절대 자연스럽게 이루어지는 일이 아니에요. 제 생각에는, 우리가 결국 비슷한 몸을 가지고 있기 때문에 가능한 것 아닐까 합니다. 어떤 것을 경험할 때 그것을 해독하는 규칙들이 우리 몸에 내장되어 있고, 우리가 그 공통의 규칙에 따라 그 경험을 해석한다고 생각해 보면 이 과정이 자연스럽게 진행된다는 것이 이해됩니다.

예를 들어 어떤 충격적인 영상물을 보면 우리 몸의 특정한 부분들이 반응하죠. 머리털이 쭈뼛 선다든지 소름이 돋는다든지, 긴장해서 심장박동이 빨라지기도 하고요. 모두 비슷해요. 그렇다면 이런 비슷한 경험을 하는 근거가 우리 몸 안에 있다고 해석해야 하지 않을까요? 그 덕분에 인간은 다른 인간을 이해하는 일이 즉각적으로 쉽게 이루어집니다.

인간에게는 실제로 17가지쯤 되는 감각이 있다고 해요. 감각이라는 건 뭔가를 느끼는 거죠. 17가지의 감각을 다 가지고 있기 때문에 대체로 어떤 경험을 비슷하게 할 수 있고, 그로부터 소통 가능성이 생겨요. 타인과 즉각적으로 교감하고 교류할 수 있는 근거가 우리의 몸 구조와 유전자에 있다고 봐도 되겠지요. 물론 문화와 같은 후천적인 상황 때문에 차이가 생기긴 하지만요.

그래서 저는 이걸 공감보다 '공명'의 차원으로 봅니다. 진동이 전파하고 소리가 울리는 것처럼 주파수가 같아지는 거예요. 인간끼리는 그런 방식으로 소통합니다. 내가 무언가를 발신하면 공명이 일어나 옆에 있는 사람이 수신합니다. 지구상에 존재하는, 인간이 아닌 다른 존재들과도 이런 공명이 가능할까요? 제 생각엔 힘들 것 같아요. 우리가 집에 있는 반려동물과 약간의 교감을 하기도 하지만, 다른 인간과의 교감과 비교하면 양적, 질적으로 큰 차이가 나죠. 그런 점에서 동식물과 무기물, 심지어 기계와의 사이에서 일어나는 일과 인간 사이에서 일어나는 일은 굉장히 다르다고 추정합니다.

최근 인공지능이 몸을 가지면 어떨까 하는 이야기가 나옵니다. 지금 가장 발전해 있는 인공지능은 언어 기반이죠. 그래서 언어로 이루어진 것 이외에는 잘 처리하지 못합니다. 언어와 적절하게 짝지은 것들, 그림이나 코드, 소리 등은 처리하지만 언어와 짝을 이루지 못하는 예술 같은 영역은 잘 처리하지 못해요.

　인공지능 연구자들은 인공지능도 인간처럼 몸을 가지게 되면 언어로 처리하는 현재의 수준을 비약적으로 넘어서, 이 세계를 경험해 형성한 인간의 지능을 구현할 수 있을 거라고 생각합니다. 이런 이야기를 가장 먼저 한 사람이 메타Meta Platforms의 수석 인공지능 과학자인 얀 르쿤Yann Lecun 입니다. 얀 르쿤은 '월드 모델'이라는 표현을 사용했는데, 우리말로 표현하자면 결국 인공지능이 이 세계를 직접 경험하게 하자는 뜻입니다. 지금의 챗GPT나 다른 인공지능들은 모두 언어 모델인데, 이것 말고 인공지능이 몸을 가지고 경험해서 학습하게 하자는 제안을 했어요.

　이와 비슷한 생각을 한 사람이 또 있어요. 미국 스탠퍼드대학교의 컴퓨터과학 교수 페이페이 리Fei-Fei Li는 이에 대해 공간 지능Spatial Intelligence 이라는 표현을 썼습니다. 인공지능의 공간적인 측면, 즉 세상을 돌아다니는 측면을 강조하기 위해 이런 표현을 쓴 것이시요. 이러한 아이디어들이 계속 제출되고 있습니다.

　또 최근 엔비디아NVIDIA 의 최고경영자인 젠슨 황Jensen Huang 은 물리적 인공지능Physical AI 이라는 표현을 썼어요. 이 모든 표현이 말하는 게 뭘까요? 언어 모델 인공지능의 한계를 넘어서

지 않으면 안 된다는 인식을 다들 갖고 있다는 겁니다.

그렇다면 과연 인공지능이 몸을 가질 수 있을까요? 인공지능이 몸을 가지는 방식을 생각해 보면 아주 쉽죠. 로봇이 몸을 가지고 있으니까요. 로봇에 카메라도 달고, 마이크도 달고, 모터도 달면 움직이고 보고 듣게 할 수 있죠. 그러니 로봇을 통해 뭔가 하면 되지 않을까 추정할 수 있는데, 그렇게 간단하지가 않습니다.

제가 아까 인간에게는 17가지 정도의 감각이 있다고 말씀드렸죠. 균형 감각, 내장에서 일어나는 일에 대한 감각, 무게 감각 등 다양한 감각이 존재하는데, 이런 여러 감각을 로봇으로 구현할 수 있을까요? 인간의 감각 중 몇 가지를 구현하는 건 가능하겠지만, 인간과 동일한 수준의 감지 능력을 가지고 인간과 같은 방식으로 데이터를 수집하는 것은 쉽지 않을 거예요. 인간이 가지고 있는 몸과 마음, 이 둘의 관계는 분명히 로봇과 컴퓨터 프로그램 사이의 관계와 다를 겁니다. 컴퓨터 공학자 중에는 같다고 말씀하시는 분도 계시지만요.

인간이 하는 모든 일에는 몸이 전제되어 있어요. 아이들을 교육하는 일도 마찬가지입니다. 우리는 성인이라서 아이 시절에 어땠는지 잊어버린 것이 많아요. 아이들은 우리가 이미 한 번 거치고 나서 잊어버린 그 단계에 있지요. 그래서 아이들이 뭔가 경험을 할 때 아이들 안에서 어떤 일이 일어나는지 즉각 교감하기가 쉽지 않을 수 있어요. 그러나 학자들과 교사들이 경험적 증거를 통해 객관적으로 연구된 내용들을 인지하고 아이들과의 관계에 적용하는 일은 가능하기 때문에, 그리고 아이들 역시 조금 덜 성숙하긴 해도 인간의 몸을 가지고 있기 때문에 많은 일을 자동적으로, 본능적으로 수행할 수 있습니다. 교사들은 아이들이 겪는 일을 학습과 경험을 통해 즉각 알아챌 수 있고요. 그런 점에서 교실에서 인공지능이 교사를 대체하거나 대신하는 일은 이루어지지 않을 것 같아요.

물론 여기에는 또 다른 이슈가 있습니다. 특수 아동이나 다문화 아이들 같은 경우죠. 이 아이들은 의사소통 자체가 쉽지 않아요. 그래도 우리가 비슷한 몸을 가지고 있기 때문에 통하는 점이 있을 거예요.

읽기와 쓰기는 다르다

학교교육 중에서도 저는 읽기와 쓰기가 아주 중요하다고 생각해요. 그런데 듣고 말하기, 읽고 쓰기라는 영역에 관해 이야기해 보자면 이 둘은 서로 다른 종류의 학습이에요.

30만여 년 전, 그리고 그보다 훨씬 전의 인류였던 네안데르탈인이나 호모에렉투스 시절에도 어느 정도의 언어 능력은 있었다고 합니다. 분절음을 낼 줄 알았고, 이 분절음이 어떤 의미를 가지는지 서로 알았다고 하죠. 그러다가 호모사피엔스로 넘어오는 동안 굉장히 긴 진화를 거치면서 발성과 의미 이해를 위한 유전적인 구조가 계속 바뀌었습니다. 고인류학자 앙드레 르루아구랑 André Leroi-Gourhan 은 직립보행이 그 지배적인 원인이라 생각했어요. 직립보행을 하면서 손이 자유로워지고, 후두가 개방되고, 두개골이 서면서 압력이 줄어들어 뇌가 들어갈 수 있는 공간이 커졌는데 이것들은 오랜 시간에 걸쳐 함께 일어난 진화입니다. 30만여 년 전에 일어난 이런 과정을 통해서 듣고 말하는 능력이 우리 유전자 안에 새겨졌습니다.

그에 반해 읽고 쓰는 능력은 진화할 틈이 없었어요. 아시겠지만 최초의 문자는 대략 5000년 전쯤 만들어진 수메르인들의 쐐기문자라고 하지요. 5000년이라는 시간은 우리 유전자에 새로운 특성이 자리 잡기에 택도 없는 시간입니다. 따라서 같은 언어 능력이라 하더라도 듣고 말하기와 읽고 쓰기는 서로 아주 다르죠.

듣고 말하는 능력은 부모 품에서 자란 아기들이 18개월 정도 되었을 때 거의 형성됩니다. 그전에도 웬만한 말을 알아듣기는 하지만 숙달되는 것은 18개월 무렵이죠. 그다음에도 계속 이 능력이 성장해 가면서 초등 1~2학년 정도면 완전히 성장해요.

그러나 읽기와 쓰기는 다릅니다. 읽기와 쓰기 능력은 유전자 안에 없기 때문에 태어난 후에 뇌의 어떤 부분을 강제로 변형시켜야 해요. 그 부분이 시각 인식과 관련된 부분이에요. 글자도 보이는 것들 중 일부잖아요? 그래서 보이는 것 중에서 특정한 표시들을 골라 문자를 만들어 음성을 대신하게 했어요. 뇌의 시각 영역 일부의 용도를 변경해서 억지로 훈련해 글을 자연스럽게 받아들일 수 있도록 해야 했죠.

스타니슬라스 드앤Stanislas Dehaene이라는 프랑스 언어심리학자가 읽기와 쓰기에 관해서 쓴 『글 읽는 뇌』라는 책이 있습니다. 그 책에 따르면 우리가 동물로서 세상을 살아가기 위해 필요한 여러 가지 시각적인 인식이 있어요. 얼굴을 알아봐야 하고 건물 모양과 같은 것들을 알아봐야 해요. 이런 것을 알아볼 때 우리는 그것을 전체적으로 알아보는 것이 아니라 모서리 같은 특징들을 중심으로 알아본다고 해요. 그래서 인간이 문자를 만들 때 그런 특성들을 집약해서 서로 변별되는 특징을 갖고 있는 글자를 만들었습니다. 글자들이 서로 구별되어야 하니까요. 즉 인간의 시각 인식에서 가장 차이 나는 특징들을 조합해 만들었는데, 그러면서 알파벳이 나오게 되었죠.

이런 문자들이 나온 지 역사적으로 얼마 안 지났기 때문에 새로 태어나는 인간은 문자를 강제로 훈련해야 해요. 이렇게 문자를 훈련하는 일이 초등 1학년 전후부터 일어나요. 그 전에는 훈련이 잘 안 돼요. 그 전에는 구어를 익히는 훈련에 집중해야 하거든요. 문자를 배우면서 글쓰기를 통해 구어와 긴밀하게 연동된, 속도로 따지면 0.4초 정도의 시간에 글자가 음성 언어로 처리되는 훈련을 초등 1학년에서 6학년까지 수행한다고 합니다. 읽기 능력을 훈련해서 발달시켜야 하는 시기가 바로 이때입니다. 그럼 6학년 이후에는 발달이 불가능하냐고 물을 수 있겠죠? 6학년까지 훈련이 되지 않으면 난독증으로 진행될 수 있어요. 그래서 1학년에서 6학년 사이에 하는 일이 무척 중요해요. 이것이 이 훈련의 전문가인 초등 교사들의 몫입니다. 여러분은 아주 중요한 일을 하고 계신 겁니다.

인공지능은 없다?

선생님들은 인공지능을 모두 써 보셨나요? 아직 안 써 보신 분도 계실 거예요. 그런데 인공지능이 무엇인가요? 이런 질문을 받으면 대답하기가 조금 난감해집니다. 우리는 당대에 가장 유행하는 인공지능을 인공지능의 대표이자 전체로 이해해요. 지금은 인공지능에 대해 말해 보라고 하면 대체로 챗GPT를 떠올리죠. 하지만 몇 년 전의 대표 인공지능은 알파고였습니다. 알파고가 인공지능의 대명사였다가 지금은 챗GPT로 바뀌었죠.

잘 생각해 보면 인공지능은 굉장히 다양해요. 제가 여기 강연장까지 오는 데 사용한 길 찾기 인공지능이 있고요, 번역을 해 주는 인공지능도 있어요. 지금 강연을 녹음하고 있는 클로바노트도 인공지능이죠. 선생님들도 회의록이나 강의를 정리할 때, 이런 인공지능을 많이 쓰시지요? 또 동영상을 만들어 주는 인공지능과 그림을 그려 주는 인공지능도 있죠. 이들은 모두 다르고 서로 공통점도 별로 없습니다. 길을 찾아 주는 인공지능과 바둑을 두는 인공지능이 서로 무슨 관계가 있겠어요?

우리가 뭉뚱그려서 표현하는 인공지능이라는 말은 굉장히 거친 표현이에요. 그래서 인공지능을 교육에 활용하라는 주문이나, 인공지능을 학교 현장에서 어떻게 쓸 것이냐, 학교 현상과 인공지능의 미래는 어떻게 될 것이냐 하는 질문은 다 공허할 수밖에 없어요. 이 질문을 하기 전에 '어떤' 인공지능인지를 이야기하지 않으면 별로 의미가 없거든요.

스마트폰에 깔려 있는 여러 앱을 하나씩 구동해서 사용하듯이 인공지능을 이해할 필요가 있어요. 즉 인공지능은 앱들의 집합과 비슷해요. (실제로 스마트폰 앱에도 다양한 인공지능이 들어 있죠.) 이런 방식으로 인공지능이라는 용어를 사용해야 해요.

그 사건, 다들 알고 계시나요? 지난 추석 때 내비게이션이 길이 없는 논두렁으로 사람들을 이끌어서 많은 사람이 다섯 시간 동안 쩔쩔맸다고 하죠. 그런 사건에서 단적으로 알 수 있는데, 인공지능은 아직 갈 길이 멉니다. 그런데 미래가 없는 인공지능도 있어요. 대표적으로 알파고에는 미래가 없죠. 바둑 두는 인공지능은 이미 99.9퍼센트만큼 개발돼 있거든요. 더 나아질 것이 거의 없어요. 그러니까 어떤 인공지능은 미래가 있고, 어떤 것은 미래가 없다고 할 수 있어요.

교육 현장에서도 마찬가지로 어떤 인공지능을 사용하기 적절한지, 어떤 것은 쓰면 안 될지를 개별적으로 구별해야 해요. 개념이 좀 더 정밀해져야 하겠죠.

그리고 그중 어떤 것을 활용할지는 실제 현장에 계신 선생님들이 결정해야 할 문제라고 생각해요. 사람들은 흔히 인공지능 기술에 뒤처지면 안 된다고 생각해요. 아주 이상한 생각이에요. 제가 재미있는 카툰을 하나 봤습니다. "이 로봇은 아이스크림을 먹을 줄 알아. 그러니까 넌 안 먹어도 돼." 하고 누가 말해요. 그 말에 "나도 아이스크림 먹고 싶은데…."라고 하니 이런 말이 돌아와요. "기술 발전을 막으려 하지 마. 네가 직접 먹으면 기술 발전이 멈춰."(웃음) 우습죠? 하지만 인공지능을 두고 이런 웃지 못할 상황이 꽤 많이 벌어지고 있어요.

기술과 경제 발전에 푹 빠져 있는 사람들은 기술 발전을 막으려 하지 말라면서, 기술에 뒤처지면 안 된다는 논리를 많이 내세웁니다. 기술 만능주의라고 해야 할까요? 학교 현장에도 '인공지능이라는 것이 나왔으니 우리가 앞장서서 활용하자'라는 주장이 있을 거예요. 그런 주장을 하는 분들의 논리를 잘 보면, 인공지능의 교육적인 효과는 별로 고려하지 않고 있어요. 그냥 좋은 기술이 있으니 그걸 써야 한다는 논리에 가까운 경우가 많습니다.

그럼 인공지능을 한번 분류해 볼까요? 다음 그림을 한번 보세요. 앞에서는 인공지능을 사용하는 목적 및 기능과 관련해서 구분해 보았다면, 다음 그림에서는 인공지능의 범주를 기준으로 분류했어요. 가장 안쪽에 챗GPT가 있고, 제일 바깥쪽에는 그냥 인공지능이 있어요. 그 안쪽으로 머신러닝과 딥러닝이 있죠.

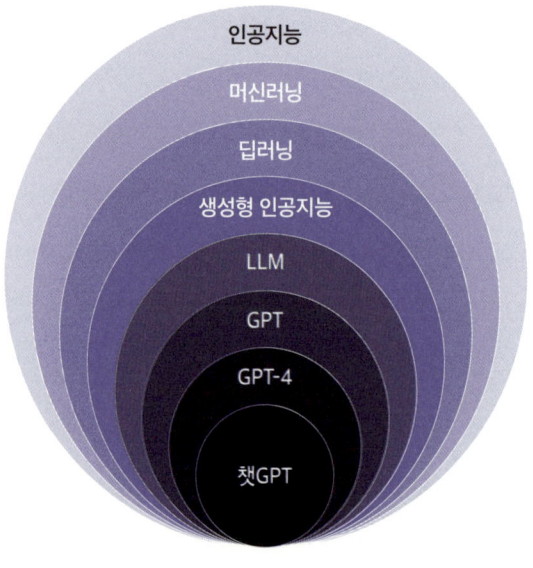

인공지능의 분류

　　알파고 때부터 우리는 머신러닝, 딥러닝과 같은 개념을 들어 왔고 최근에는 챗GPT니 미드저니니 하는 다른 것들을 들어 왔어요. 하지만 사실 이 바깥에 이미 인공지능이 존재하고 있었습니다. 이걸 조금 어렵게 이야기하면 전문가 시스템인데요, 인간이 알아낸 전문지식을 컴퓨터로 구현하는 방식이에요.

　　머신러닝은 기계가 프로그램을 짜 주는 것입니다. 데이터가 엄청 많고, 그 데이터에 붙어 있는 결괏값도 엄청 많습니다. 예를 들어 어떤 이미지가 있고 그 이미지에 '고양이'라는 결괏값이 붙어 있습니다. 거기에 다른 고양이 그림들을 더 많이 집어넣어 준 뒤, 이 사이에 생기는 패턴을 인공지능이 찾아내게끔 하는 것입니다. 마치 요리가 있고 식재료가 있을 때 그 관계인 레시피를 찾아내는 것과 비슷하죠. 이게 머신러닝이 하는 일입니다.

그럼 이렇게 기계가 프로그램을 짜는 것이 아니라면 머신러닝 바깥에 있는 인공지능들은 무엇일까요? 인간이 프로그램을 짜 주는 겁니다. 아주 전통적인 방식이죠. 이 경우에는 경로와 경우의 수가 많지 않기 때문에 인간이 프로그래밍을 할 수 있어요. 우리가 집에 하나씩 갖고 있는 전기밥솥이나 드럼 세탁기가 이런 것입니다.

인공지능은 이렇게 다양한 기능과 목적, 사용법 등이 있고 종류도 다양하기 때문에 이 모든 것을 인공지능이라는 하나의 말로 묶어서 부르는 건 적절치 않아요. 담론을 형성할 때도 이런 느슨한 용어를 사용하는 것은 적절치 않습니다.

또 하나 짚고 넘어가야 할 것이 있습니다. 인공지능이 과연 '지능'일까요? 영어로 아티피셜 인텔리전스 Artificial Intelligence 니까 당연히 지능이라고들 생각하는데, 사실 이 용어는 지능이 무엇인지에 대한 엄밀한 규정 없이 사용하고 있는 용어입니다. 심리학자나 뇌과학자, 교육학자나 철학자도 지능이 뭔지 아직 잘 몰라요. 그런데도 인공지능에게 지능이 있다고 하네요. 이름에 지능이 붙어 있다는 이유로요. 재미있죠?

인공지능이라는 말은 1956년에 존 매카시 John McCarthy 라는 미국의 과학자가 연구하다가 붙인 이름입니다. 이때 아티피셜 인텔리전스라는 용어가 처음 사용되었는데, 이 사람은 그냥 연구비를 지원받기 위해서 지능이라고 우긴 거예요. 이걸 우리가 그대로 받아들여야 할 이유는 없죠. 인공지능이 인간의 지능 활동 일부를 흉내 내는 건 맞습니다. 길을 찾는 것이나 번역하는 것 모두 지능이 필요하죠. 그런 점은 인정할 수 있지만, 이것이 과연 지능일까에 대해서는 더 많은 의문을 가져야 해요.

인간 지능의 가장 중요한 측면은 무엇일까요? 어떤 것이 문제라는 것을 파악하는 것, 그리고 그 문제를 잘 정리하는 것이죠. 문제를 우리가 풀 수도 있고 인공지능에게 풀라고 시킬 수도 있는데, 이 모든 건 인간이 인공지능에게 내리는 명령입니다. 인공지능이 스스로 알아서 문제를 찾아내고 구성하는 능력은 전혀 없어요. 어떻게 보면 인간에게는 문제를 잘 푸는 것보다 어떤 게 문제인지 인식하고 정리하는 것이 더 중요하기도 해요.

우리는 아이들에게 문제를 풀 것을 많이 요구하는데, 사실 그보다 더 중요한 건 아무도 문제라고 느끼지 않는 상황에서 "이게 문제다!"라고 이야기하는 것이에요. 인간 사회에서는 이런 문제 제기가 해 온 역할이 무척 큽니다. 이런 문제 제기가 없었더라면 역사는 다른 방향으로 흘러갔을 거예요.

'꼭 이렇게 해야만 할까?' '이것과 다를 수 있다'와 같은 문제를 느끼는 게 중요한데 기계는 이런 일을 스스로 할 수 없습니다. 그런데 인간은 다른 동물들보다 훨씬 잘하죠. 본능 수준에서 문제를 인식하는 것뿐만 아니라 문화나 문명 수준에서 문제를 느끼고 제기하는 것을 잘해요.

인공지능은 증강 기술

'인공지능 교육'과 관련한 이슈도 이런 맥락에서 이야기할 수 있습니다. 인공지능 교육을 한다고 할 때 무엇을 가르쳐야 할까요? 우선 서울시 교육청의 자료를 볼까요?

다음 표의 맨 위에 있는 '인공지능 이해 교육'은 지금 우리가 나누는 논의에 해당하겠죠. 인공지능을 이해하는 것은 이제 필수입니다. 두 번째로는 '인공지능 활용 교육'이 있습니

※ **리터러시(소양):** 읽고 쓰기 이해하고, 활용하고, 개발하는

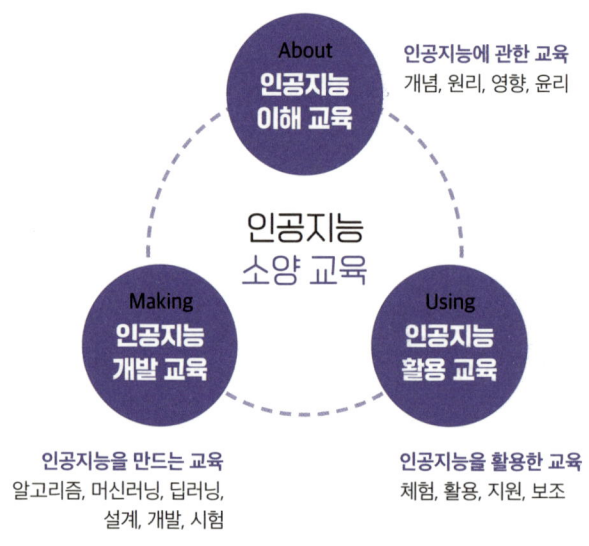

인공지능 교육의 요소(출처: 서울시 교육청)

다. 사용법이죠. 인공지능 사용법에서 가장 중요한 건 '나에게 필요한 게 무엇인지'를 출발점으로 삼는 것입니다. 어떤 인공지능을 어떻게 써서 어떤 결과물을 낼지를 고민해 보는 거죠. 따라서 나에게 필요한 인공지능이 어떤 것들이 있고, 어떤 용도에 활용할 수 있는지를 최대한 많이 알려 주는 것이 인공지능 활용 교육입니다. 이게 인공지능 교육에서 굉장히 중요해요.

제가 의문을 가지고 있는 건 세 번째인 '개발 교육'입니다. 저는 개발 교육이야말로 가장 쓸데없다고 생각해요. 개발은 전문가들이 해야죠. 자동차를 만드는 건 자동차 전문가들이 하는 일이고, 우리는 그저 운전하는 법을 배워서 적절한 비용을 주고 그 자동차로 이동하면 됩니다. 인공지능도 마찬가지예요. 우리 사회는 아이들이 어릴 때부터 모두가 코딩을 할 줄 알아야 하고, 심지어 꽤 잘해야 한다는 방향으로 가고 있죠. 물론 코드의 작동 원리나 기초는 좀 알 필요가 있고 몇 가지 코딩을 해 볼 수도 있죠. 꼭 컴퓨터로 할 필요도 없고, 프로그램 없이 알고리즘 논리만 잘 구성하는 방식으로 접근하는 것도 충분히 가능한데 모두를 고급 개발 인력으로 만들려고 하는 접근은 잘못되었어요.

우리 사회에는 굉장히 다양한 분야가 있어요. 각 분야에서 필요로 하는 직무와 직종도 다르고, 그 직종과 직무마다 필요한 능력도 따로 있습니다. 이것들이 조화롭게 돌아가는 것이 사회죠. 이 일에 인공지능의 도움을 받으면 내 능력이 얼마큼 나아지는지를 잘 알고 활용하면 되는 겁니다.

저는 인공지능을 증강 기술이라고 규정해요. 인공지능은 개인의 역량을 증가시키는 기술이라는 뜻이지요. 개인의 역량이 얼마인지에 따라 증강의 정도와 결괏값이 달라집니다.

A라는 사람이 4만큼의 역량을 가지고 있고, B라는 사람은 6만큼의 역량을 가지고 있다고 생각해 볼까요? 인공지능이 다섯 배만큼 역량을 증강해 준다면 A는 인공지능의 도움을 받아 20의 역량을, B는 30의 역량을 가지게 되겠죠. 역량 차이가 처음에는 2밖에 안 되었던 것이 10까지 늘어났어요. 인공지능은 이렇게 개개인의 역량 차이를 매우 크게 증폭하는 기술입니다.

인공지능을 사용해야 한다는 이야기는 이제 별로 할 필요가 없어요. 이미 다 쓰고 있거든요. 그러니 결국엔 인공지능 없이도 할 수 있는 능력이 중요합니다. 그게 바로 맨몸의 기능, 역량이에요. 인공지능은 나중에 필요하면 금방 배워서 남들이 사용하는 만큼 따라잡을 수 있습니다. 안 가르쳐도 아이들은 더 잘 알고요. 그러니까 우리 교육자들은 아이들의 맨몸의 역량을 최대한 길러 주는 게 중요하겠죠. 그걸 얼마큼 가지고 있느냐에 따라 나중에 인공지능을 활용할 때 역량 차이가 크게 달라지니까요.

실제로 이에 관한 연구 결과도 나오고 있습니다. 2024년, 스택오버플로 Stack Overflow 라는 개발자 사이트에서 설문조사를 했어요. 시니어 개발자들보다 주니어 개발자들이 코딩을 할 때 인공지능의 도움을 더 많이 받는다고 해요. 시니어들은 이미 잘하니까요. 그럼 성과, 생산성은 어떨까요? 조사해 보니 시니어는 인공지능의 도움을 조금만 받아도 엄청난 생산성을 확보해요. 하지만 주니어들은 눈높이(역량)가 낮아서 그 눈높이만큼만 인공지능의 도움을 받아요. 주니어는 눈높이가 3밖에 안 되지만 시니어의 눈높이는 9 정도니까 시니어들은 얻을 수 있는 게 더 많은 거죠. 그래서 원래 갖고 있던 역량에 비해 훨씬 더 좋은 결과물을 내놓는 건 결국 시니어들입니다. 이들은 인공지능 없이도 개발할 수 있는 능력이 있기 때문에 인공지능의 도움을 받아서 더 잘해 냅니다. 원래 있던 역량 차이가 인공지능으로 인해 더욱 크게 벌어지는 거예요. 맨몸의 역량이 왜 중요한지를 알 수 있는 조사 결과지요.

인공지능은 결국 모두가 사용할 수밖에 없는 기술입니다. 그렇기 때문에 맨몸의 역량, 기초 체력을 길러 주는 것이 바로 공교육의 역할이라고 생각해요.

그럼 우리의 학교는 어떤 상황에 있을까요? 저는 위기라고 생각해요. 저도 아이를 키우면서 학교가 얼마나 이상한지 많이 느끼고 있어요. 학교의 모든 문제가 입시 문제와 연결되어 있는 건 선생님들이 더욱 잘 아실 테지요. 초중등 과정에서 아무리 잘하려고 노력해도 항상 입시가 걸림돌이 되잖아요. 입시는 사회에서의 취직 문제와도 관련되어 있어서 입시에 실패하면 사회에서도 실패하는 구조로 굴러가고 있어요. 결국 입시와 관련된 문제의 해결점은 사회의 불평등이 줄어들고 경제적인 측면에서 기본적인 삶이 어느 정도 유지될 수 있는 사회가 되는 것이라고 봅니다. 10년쯤 뒤에는 아이들의 수가 반으로 줄어드니까 거의 모든 문제의 양상이 달라질 것 같아요.

제가 제일 고민하는 건 입시 준비를 열심히 하면 아이들의 역량이 커지느냐 하는 거예요. 그러지 않는다는 걸 다들 알고 있지요. 이 문제가 인공지능 디지털 교과서 AIDT, Artificial Intelligence Digital Textbook 로도 이어집니다. AIDT 청문회를 본 적이 있는데, AIDT의 교육적인 효과보다 많은 사람의 경험담과 사용 후기를 이야기하더군요. AIDT가 문제 풀이를 계속 반복해서 문제를 틀리지 않는 아이로 훈련시키는 기술로 논의되었죠. 실제로 교육적인 의미를 별로 갖지 못하는 단계에 머물고 있어요.

아까 말씀드렸듯 필요한 지점이 있다면 그 지점에서 인공지능을 활용하면 될 텐데, 현재 학교에서는 입시가 발목을 잡고 있기도 하고, 에듀테크 기업들과의 이해관계도 숙제로 남아 있습니다. 학교 현장이 적응할 틈도 없이 AIDT를 빠르게 도입하는 것도 문제지요. 이 위기를 잘 이끌어 가고 극복할 만한 주체가 잘 보이지 않는데, 결국 최후의 보루는 선생님들이 될 겁니다.

AIDT를 이야기하려면 교실과 교사가 여전히 중요하다는 이야기를 먼저 해야 합니다. 그리고 그 이야기는 아이들이 몸을 가진 존재라는 것에서부터 출발해야 해요. 아이들과 선생님이 대면 관계에서, 즉 서로 직접 맞닥뜨린 관계에서만 할 수 있는 일이 무엇인지 찾는 과정이 필요합니다.

기계가 측정할 수 없는 것들, 교사가 학생을 직접 대면해야만 측정할 수 있는 것들과 기계가 키워 줄 수 없는 역량들을 키워 가야 해요. 인천시 교육청의 모토가 '읽기, 걷기, 쓰기'더군요. 저도 이 세 가지가 아주 중요하다고 생각해요. 인간의 가장 기본적인 역량은 읽기와 쓰기, 그리고 몸 관리에서 나온다고 생각하고, 이것부터 다져 주는 게 사회 정서 학습의 기본이라는 생각에 동의합니다. 이런 것은 학교 현장, 교실에서만 기를 수 있는 역량인데, AIDT가 과연 이런 교육에 유용하게 쓰일 수 있을까요?

요즘 학교에 특강을 가 보면 디지털화가 정말 잘되어 있어요. 고등학교가 대학교보다 훨씬 시설이 좋아요. 전자 칠판도 있더군요. 여기에 더해 태블릿으로 AIDT 또한 보급하는데 전 그것까지는 과하지 않나 해요. 사실 전자 칠판까지도 필요 없고 그저 선생님이 필요할 때마다 적절히 활용해 보여 줄 수 있으면 돼요.

〈모던 타임스〉라는 영화를 보면, 공장에서 시간을 쪼개서 관리하는 장면이 나옵니다. 저는 AIDT가 마치 이와 비슷하다고 느껴요. 아이들의 역량을 기계적으로 쪼개고 분류해서 그걸 각각 향상시키겠다는 거예요. AIDT가 개인의 학습을 측정하고, 관리하고, 처방까지 해 준다고 하지만 실상은 교육이 이루어지고 있지 않아요. 사람의 역량이라는 게 그렇게 쪼개서 분류할 수 있는 걸까요? 오히려 그렇게 나눌 수 없는 종합적인 역량을 끌어내고 길러 줘야 하지 않을까요? 사회성, 소통, 협업, 시민 의식 같은 걸 기계가 길러 줄 수 있다는 건 어불성설입니다.

전자책은 책이 아니다

AIDT의 한계는 전자책만 보더라도 단적으로 알 수 있어요. 저는 최근 한 일간지에 「AI 디지털 교과서는 '잃어버린 세대'를 낳는다」라는 제목의 칼럼을 쓴 적이 있어요. 그 칼럼에서 전자책은 책이 아니라고 했죠. 비유적인 표현이 아니라 문자 그대로입니다. 저는 전자책은 책이 아니라고 생각해요. 우리가 이북 e-Book 이라고 부르기 때문에 전자책도 책인 것처럼 보이지만, 여러 가지 면에서 실제로 책이라고 하기 어려워요. 그 이유를 조금 길게 설명해 보겠습니다.

어떤 기술은 이미 완성된 기술이에요. 앞으로 더 발전할 여지가 없죠. 가령 바퀴, 의자, 숟가락, 가위, 망치 등은 기능과 디자인이 극히 효율적이어서 보태거나 뺄 것이 없죠? 종이책도 이처럼 이미 완성된 기술입니다. 그리고 인쇄술이 발전한 이후에 구체화된 종이책이 수행하는 인지적인 기능이 커졌습니다. 활자체(폰트)는 손으로 쓴 글자와 비교하면 가독성이 훨씬 높지요. 또 여러 종이를 엮어 제본하면 두루마리 양피지에 비해 휴대성, 참조성, 전파성이 매우 높아집니다. 또 책의 여백, 소제목, 위아래의 기호는 책의 확장성과 참조성을 높였지요. 여러 책을 늘어놓고 보면 지식의 밀도가 높아지면서 생각을 종합하는 훈련을 할 수 있어요.

그럼 읽는 활동을 한번 살펴볼까요? 읽는 활동에서 가장 중요한 것은 인지와 관련이 있어요. 책 내용을 우리가 받아들여서 이해하고 기억하는 과정을 볼까요? 인간이 어떠한 경험을 장기 기억으로 받아들이려면 뇌에 있는 해마, 히포캄푸스 hippocampus 라는 부위를 거쳐야 합니다. 해마는 모르는 전화번호를 빠르게 외워서 전화를 건다거나 하는, 잠깐 기억하는 단기 기억이 아니라 어떤 정보를 나중에 다시 불러낼 수 있도록 저장해 두는 장기 기억에 관여하는 부위입니다. 이 해마 주위에 두 가지 중요한 세포가 있다고 해요. 장소 세포와 격자 세포인데, 장소 세포는 말 그대로 3차원적인 좌표에서 어느 위치인지를 기억하는 데 관여하는 세포입니다. 공간적인 특성을 식별하는 세포죠. 이 세포가 좀 적으면 길을 잘 못 찾아요. 제 아내가 길치인데, 제가 장소 세포의 존재를 모를 때에는 구박도 했지만 이제는 '내 아내는 장소 세포가 좀 적구나.'라고 생각하죠. (웃음) 흥미로운 건 이 장소 세포가 해마 옆에 많이 분포해 있다는 거예요. 장기 기억에는 장소성이 중요하다는 뜻이죠.

종이책에는 이 장소성이 있습니다. 책을 펼치면 왼쪽, 오른쪽 페이지도 있고 위아래 지점도 있지요. 또 두께도 있어서 우리는 종이책을 볼 때 글자를 서로 다른 장소로 기억해요.

또 해마 주변의 격자 세포는 장소와 장소 간의 관계와 관련된 세포예요. 지도를 보면 위도와 경도가 있죠? 이렇게 위도와 경도 같은 왼쪽과 오른쪽, 위아래의 상관관계를 기억하는 것이 격자 세포입니다. 결국 장소, 그리고 장소 사이의 관계를 통해 인간은 장기 기억을 형성하는 것입니다. 장소 세포를 발견한 존 오키프 John O'Keefe 와 격자 세포를 발견한 마이브리트 모세르 May-Britt Moser, 에드바르 모세르 Edvard Moser 는 2014년 노벨 생리의학상을 받기도 했습니다.

그런데 전자책에는 이런 장소성이 없습니다. 전자책에 들어 있는 콘텐츠는 종이책과 같겠지만, 전자책은 평평하지요. 매끈한 화면이 움직이면서 글자를 보여 주고, 폰트 크기를 키우면 페이지가 재정렬되기도 하죠. 그래서 왼쪽과 오른쪽, 위아래 개념이 전혀 없고 두께 또한 없습니다. 그래서 읽으면 잘 이해되는 것처럼 착각할 수 있는데 실제로는 그렇지 않습니다. 이해했다는 착각만 커질 뿐이지요.

기억한다는 건 내용을 이해하고 인출하는 과정이 이루어진다는 뜻인데, 전자책은 그 과정이 잘 이루어지지 않아요. 소설을 전자책으로 본다면, 두께에 따라 차이는 있겠지만 큰 문제가 없을 수 있죠. 그런데 인문·사회 도서나 과학책들은 이해도에 굉장히 차이가 납니다. 이런 책은 난이도 때문에 집중력을 더 유지해야 하기 때문이죠.

정밀한 연구는 아니지만, 부산영재고에 근무하시는 박민영 선생님이 아이들을 관찰했는데, 1000페이지가 넘는 두꺼운 과학 교재를 종이책으로 공부한 아이들이 전자책으로 공부한 아이들에 비해 학습 효과가 더 높았다고 합니다. 내용을 훨씬 잘 이해하고 또 잘 잊지 않더래요. 저 역시 중요한 문서는 종이로 인쇄해서 봐야 이해가 잘되더라고요. 전자 문서 형태로 보면 집중이 안 돼서 내용을 잘 이해하지 못하겠어요.

안타깝게도 종이책과 전자책의 이해 차이에 관한 연구가 국내에는 아직 없거나, 있더라도 샘플이 너무 적습니다. 하지만 외국에서는 이와 관련된 연구가 꽤 나오고 있습니다. 학교에 AIDT를 도입하기 전에 이런 연구 결과들을 숙고해 보아야 해요.

공동 뇌와 자유인

다시 읽기와 쓰기로 돌아가 볼까요? 챗GPT는 글쓰기 교육에 어떤 의미가 있을까요? 결론부터 말씀드리자면 챗GPT는 대필 작가입니다. 자, 인간 대필 작가가 80억 명이 있다고 해봅시다. 학생들에게 각각 대필 작가를 한 명씩 붙여 주고 글을 대신 쓰게 한다면? 그런 작업의 교육적 가치에 대해 논의할 이유는 전혀 없겠죠.

우리는 챗GPT가 알려진 후 지금까지 오랫동안 착각을 했어요. 새롭고 놀라운 기술이 나왔으니 뭔가 교육적으로 쓸모가 있지 않을까 하고요. 기술에 압도당한 거죠. 하지만 대필 작가에게 글쓰기를 맡기는 것을, 적어도 학교에서는 허용하면 안 되죠. 글 쓰는 훈련이 충분히 이루어진 다음에는 활용할 여지가 있을지 모르지만, 글쓰기를 교육하는 과정에서 대필 작가에게 글을 쓰게 하는 것은 말이 안 돼요.

제가 왜 이 문제에 관심을 가지게 되었냐면, 미국의 언어학자 노엄 촘스키Noam Chomsky가 이에 대해 표절 문제를 제기했기 때문입니다. 노엄 촘스키는 챗GPT를 첨단 기술 표절 시스템이라고 했는데, 저는 이 문제의 본질은 표절이 아니라고 생각했어요. 결과물만 놓고 보면 표절 문제일 수 있으나, 글쓰기는 결과물을 내기까지의 전 과정에 걸친 것이니까요.

저는 글쓰기를 '생각의 근력을 훈련하는 과정' 또는 '생각하는 힘을 키우는 과정'이라고 규정합니다. 몸의 근육을 키우려면 운동을 해야 하듯이 생각의 근력을 키우려면 글을 써야 합니다. 글쓰기는 직접 해야 하는 실전이에요. 한 번 글을 쓸 때마다 생각의 근육이 길러져요. 근육이 만들어질 때 운동으로 근섬유가 찢기고, 아물면서 굵어지고 단단해지는 과정을 거치지요. 생각도 마찬가지로 조금씩 찢어집니다. 고통스럽기도 하지만 극복해 내면 마일리지가 쌓이죠. 이걸 초등학생 때부터 대학생 때까지 일관성 있게 하면 결과물인 글이 무척 좋아지겠죠. 물론 이 글쓰기는 자기가 직접 해야 합니다.

'생각의 근육을 훈련하는 과정'인 글쓰기를 네 단계로 나눠 볼게요. 글쓰기가 되려면 먼저 글감이 잘 떠올라야 합니다. 첫 단계는 아이디어를 내는 겁니다. 그런데 아이디어는 막연하고 구체적이지 않기 때문에 두 번째 단계에서 이 아이디어를 뒷받침할 만한 자료를 조사하고 모아야 합니다. 세 번째는 아이디어와 자료를 정리해야 합니다. 요약할 건 요약하고, 뺄 건 빼고, 자기 생각으로 다시 가공하는 거죠. 마지막 단계가 이걸 남들이 알아들을 수 있게 잘 표현하는 겁니다. 이 모든 과정은 네 줄짜리 글을 써도 가능하고, 2~3페이지짜리 글을 써도 가능해요. 모든 수업에 글쓰기를 병행하면 생각을 계속 훈련하기 때문에 나중에는 뭐든 할 수 있는 사람이 됩니다.

사실 이 네 단계는 우리가 연구를 하거나 창작을 하거나 일을 할 때 모두 필요해요. 이걸 반복적으로 훈련하면 인간의 기본 역량 중 하나를 쌓을 수 있죠. 그런 점에서 읽기와 쓰기 교육을 모토로 삼은 인천시 교육청을 응원해요.

그럼 읽기는 어떨까요? 먼저 우리는 왜 글을 읽어야 할까요? 첫 번째로 개인의 경험에 갇히지 않기 위해서입니다. 개인의 경험이란 전체 인류의 경험에 비하면 보잘것없어요. 그래서 개인은 인류의 공동 뇌에 모아 놓은 것들을 최대한 만나야 하는데, 읽기 능력은 그 공동 뇌에서 지식과 경험을 인출하는 수단이죠. 특히 긴 글 읽기, 깊이 있는 글을 비판하며 읽기

등 높은 수준의 읽기를 잘해야 합니다.

두 번째는 노예로 살지 않고 자유인으로 살기 위해서입니다. 미국의 흑인 인권운동가 프레더릭 더글러스Frederick Douglass는 백인에게 이런 말을 들었다고 증언한 바 있어요.

"세상에서 가장 착한 검둥이도 글을 알면 버릇이 없어진다."

읽기 능력은 일차적으로 권력의 문제입니다. 우리는 늘 생각을 하고, 의사 결정을 하고, 그다음에 행동을 하는데 그때마다 다른 사람에게 의존하면 노예 신세나 다름없죠. 내 스스로 판단하려면 직접 자료를 접하고 비교할 줄 알아야 해요. 읽기 능력이 기초에 깔려 있지 않으면 이것이 불가능합니다. 개인의 좁은 경험의 테두리를 넘어서 인류 전체의 지적 유산으로 향하고, 자유인으로 살기 위해서는 반드시 읽기를 훈련해야 해요.

그런데 읽기의 상황이 달라졌습니다. 과거에는 인간이 쌓아 온 지식과 기술이 대부분 언어에 녹아 있었습니다. 그 언어는 좁은 의미의 언어, 즉 자연어죠. 그런데 오늘날에는 언어가 확장되었어요. 수학과 과학, 기술, 디지털, 예술이 모두 언어에 포함됩니다. 이런 것들은 인공어라고 할 수 있어요. 자연어와 구별되죠. 태어나면서부터 구사하는 언어가 아니라 인위적으로 익혀야 하는 언어니까요. 인간이 인위적으로 만든 언어이기도 하죠. 앞으로는 이런 확장된 언어 능력이 필요합니다.

읽고 쓰는 능력을 영어로는 리터러시 literacy라고 하지요. 리터러시의 어원은 레터 letter 입니다. 문자라는 뜻이죠. 리터러시는 원래 문자에서 출발했지만, 지금은 언어가 확장되었기 때문에 자연어와 인공어를 합친 언어 능력이 필요합니다. 리터러시가 없다면 세상을 읽지 못하고, 적절하게 자기 생각을 표현하지 못합니다. 이것이 지금 우리에게 닥친 상황입니다.

실제로 초등학교에서 하고 있는 일들이 이것과 직결되어 있어요. 저는 초등학교에서는 '내용'을 가르친다기보다 '언어'를 가르친다고 말하는 게 더 맞는다고 생각해요. 한 주제를 깊이 들어가면 내용이 되겠지만, 초등학교에서는 주로 깊이 들어가기 위해 꼭 알아야 할 어휘와 그 어휘의 의미를 주로 다루고 있거든요.

예를 들어 수학이라고 하면, 초등학교에서는 수학의 깊은 단계로 가는 것이 아니라 수리적인 정보를 처리하는 기초적인 어휘를 배우는 셈입니다. 이를 학습 도구어 academic vocabulary 라고 하는데, 인하대학교 신명선 선생님이 연구하고 EBS에서 방영된 프로그램 〈당신의 문해력〉에서 이를 다루었습니다. 그런 의미에서 초등학생들은 개별 과목에 등장하는 다양한 용어와 어휘를 다룰 수 있는 능력을 갖춰야 합니다. 그게 문해력이겠지요.

읽기와 쓰기는 미래 사회에서도 인간의 가장 기본적인 역량이 되리라 생각해요. 읽기는 인풋을 위해, 쓰기는 생각의 훈련을 위해 길러야 해요. 읽기와 쓰기를 바탕으로 그 위에 전문성을 쌓아 가는 겁니다.

지금까지 인공지능과 학교와 관련해 제가 가지고 있는 생각을 다소 두서없이 말씀드렸습니다. 잘 들어 주셔서 감사합니다.

김재인×한희정 대담

한희정 안녕하세요? 저는 2024년 8월 31일까지 초등학교 교사로 재직하다가 9월 1일 자로 초등학교 교장이 된 한희정이라고 합니다. 실천교육교사모임 대표를 하기도 했습니다.

이번 대담에서는 현장에 있는 교사로서 저희가 고민하는 부분들을 몇 가지 질문으로 정리해 보았습니다. 2016년에 알파고와 이세돌 9단의 대결 이후, 서울시 교육청에 '서울 미래 교육 협의체'라는 게 만들어졌어요. 앞으로 교육을 어떻게 준비해야 하느냐를 고민하는 협의체였는데, 제가 그때 교육과정을 연구하고 있었고 초등학교 교육은 리터러시 중심으로 편성해야 한다는 의견을 냈었어요.

챗GPT와 관련해서 "챗GPT가 다 가르쳐 주니까 교사들은 이제 필요 없잖아. 저렇게 잘 가르쳐 주는데 교사가 왜 필요해? 교사는 아이들이 챗GPT를 잘 쓸 수 있게 돌아다니면서 지켜봐 주고, 지원만 해 주면 되는 거 아니야?"라는 이야기들이 있어요. 교수님께서는 그와 반대로 교육의 최후의 보루는 교사와 교실이 될 수도 있다고 말씀해 주셨고요. 왜 그렇게 생각하시는지, 좀 더 구체적인 이유나 내용이 있다면 말씀해 주셨으면 좋겠습니다.

김재인 인터넷이 나온 지 얼마 안 된 2000년대 중반부터 무크(MOOC, 웹 기반으로 이루어지는 대규모 온라인 공개 강의) 같은 교육 방식이 대중화될 가능성에 대한 기대가 많았죠. 특히 코로나19 기간을 거치면서 더욱 커졌고요. 그런데 지금 보면 그리 잘되는 것 같지 않아요. 왜 잘 안 될까 고민을 해 보면 결국 선생님이 말씀하신 리터러시 때문인 것 같아요.

강의로 이루어지는 교육에서는 수업을 듣는 학생이 그 내용을 이해하는 것이 관건이에요. 강의를 얼마나 잘하느냐는 결국 학생이 수업을 통해 얼마나 배웠느냐로 결판이 나는데, 학생들의 눈높이가 천차만별이에요. 이게 교실에서 수업을 진행하기 힘든 이유 중 하나죠. 누구는 이해했고, 누구는 이미 알고 있고, 누구는 모르는 이런 차이를 극복하고 모두를 이해시키는 수업으로 만드는 게 참 어려워요.

그래서 기계가 교육을 대체한다거나 무크 같은 형태의 강의가 기존 강의를 대체할 수 있다는 말은 누구의 눈높이와 관점에서 보았느냐에 따라 그 의미가 달라질 수 있어요. 특히 저학년일수록 기본적인 설명을 못 알아듣는다면 어떻게 하죠? 선생님 입장에서는 알아들었는지 아닌지를 확인하고, 못 알아들었으면 알아듣도록 갖은 수를 써야 하죠.

 이에 관해 현장의 선생님들이 그동안 쌓아 온 노하우가 무척 많습니다. 그런데 이를 무시하고 기계가 교사의 역할을 대신할 수 있다고 생각하는 접근법에는 평균의 함정이 있다고 할까요? 현실은 모든 아이가 평균이 아니고 아이마다 굉장히 큰 편차가 있는데, 이를 누가 알아채고 어떻게 현장성을 부여할 것이냐는 결국 교사들의 몫입니다. 기계는 이런 역할을 하지 못해요. 이건 콘텐츠의 문제도 아니고 어떤 걸 가르칠지, 어떤 방식으로 가르칠지의 문제도 아니에요. 그냥 가르침 자체의 문제에 더 가까워요. 가르침을 수행하려면 대면하고 밀착해서 아이와 함께 시간을 가져야 하죠. 어떤 아이는 배우는 데 한 달이, 어떤 아이는 일 년이 걸릴 수도 있으니까요. 속도를 조절하면서 결과적으로 학년이나 학기가 끝날 때 필요한 것을 적절하게 제공해 다음 단계로 인계하는 존재, 저는 이런 존재가 교육에서 더욱 중요하다고 봅니다. 시대가 바뀌어도 이 부분은 본질로서 계속 남으리라 생각해요.

한희정 초등학교 1학년 선생님들에게 금과옥조로 내려오는 게 있어요. 1학년 아이들은 똑같은 질문을 100번 해도 선생님은 전부 다 친절하게 말해 줄 수 있어야 한다는 거예요. 그런데 간단한 생활 속 질문은 친절하게 답해 줄 수 있지만 'ㄱ'하고 'ㅏ'가 만나서 '가'가 되는 걸 가르칠 때, 아이가 도무지 학습이 안 되면 교사들은 도대체 어디까지 설명해 줘야 할까 고민을 많이 해요.

그런데 파닉스 학습을 해 주는 한글 학습 앱이 있습니다. 우리 반에 경계선 지능 혹은 이주 배경 아이들처럼 한글 학습이 굉장히 어려운 아이들이 있는데, 이런 아이들에게는 파닉스 프로그램이 탑재된 기기를 주고 집에서 20분씩 연습을 해 오도록 숙제를 내 주어서 학습을 도와줬어요. 기계가 잘할 수 있는 건 아이가 똑같은 걸 수천 번 틀려도 수천 번 동일한 톤으로 가르쳐 주는 거예요. 교사는 인간이기 때문에 모든 감각을 가지고 아이와 소통하는 게 중요한데, 동일하게 수천 번을 가르칠 수는 없다는 한계에 부딪힐 때는 인공지능을 활용하는 것이 어느 정도 의미가 있다고 생각해요.

그래서 교수님 말씀처럼 교사에게 선택권을 줘야 한다고 생각합니다. 교사에게 선택권을 준다는 건 아이와 대면해서 만나고, 소통하고, 관계를 맺고, 그 아이의 발달에 대해 가장 잘 알고 있는 교사가 다양한 자료들 가운데 각 아이에게 맞는 것을 찾아 주는 것이라고 해 주신 말씀이 무척 힘이 되었어요. 또 현장에서 좌충우돌하다가 스스로 깨달은 것들이 그 나름대로 이론적 배경이 있다는 걸 알게 됐습니다.

김재인 그렇죠. 의사가 처방전을 써 주는 것과 비슷한 것 같아요. 선생님께서 특정한 아이가 특정한 부분에서 학습이 결여되어 있을 때 파닉스 학습 기기라는 처방전을 따로 준 거잖아요. 그런 식으로 학생들이 어떤 상태에 있는지를 진단하고 처방하는 역할이 교사에게 있어야 하고, 그 처방전 중 하나가 디지털 기기가 될 수도 있고 혹은 다른 것이 될 수도 있습니다. 저는 그 부분이 상실되면 교육이 아니라고 생각해요.

한희정 그래서 더더욱 AIDT 이야기를 하지 않을 수 없습니다. AIDT에서 제공하는 학습 데이터 세트에서 메타 인지는 계획한 만큼 과제를 얼마나 수행했는지를 따져요. 그 성과를 이루기 위해 학생이 얼마나 학습 시간을 투자했는지에 대한 양적 데이터로 메타 인지가 측정되어 교사들의 대시보드에 들어와요. 사실 여기에서 교사들은 자율성을 발휘할 역량이 점점 줄어듭니다.

요즘 질적 평가로 많이 넘어가고 있긴 합니다. 이 아이는 점수가 몇 점이고 몇 등인지가 아니라 아이에 대해 길게 서술해 주잖아요. 그럼에도 불구하고 여전히 초등학교, 중학교, 고등학교 모두 결과 중심의 양적 평가에 의존하고 있어요. 단원 평가가 끝나고 나면 우리 아이가 몇 점이고 시험에 어떤 문제가 나왔는지를 따지죠. 학생의 메타 인지가 매우 높게 나왔어도 이 아이는 이것을 성실히 수행했다고 판단할 수 없는 부분이 있는데, 정량적인 지표에 따라 교사가 평가를 써 주지 않으면 또 다른 민원에 시달릴 가능성이 있어요.

교사가 데이터를 기반으로 한 기록만 남기면, 아무 고민도 하지 않고 거기서 수량화된 것들만 기술해 주면 편하지만, 이게 정말 교육의 본질인 걸까 하는 고민이 들거든요. 이런 고민 없이, 이미 아이들에게 익숙해진 ADIT나 인공지능 학습 툴을 계속 제공해 주기만 하면 학습 격차를 줄일 수 있다는 환상이 걱정스럽습니다. 기술 만능주의에 대한 거부감이 있으면서도, 우리가 뒤처져서 인공지능을 제대로 사용하지 못한다고 인식되고 싶지 않아서 거부감을 드러내지 못하고 있는 측면도 있어요. 하지만 교육의 본질을 생각했을 때 AIDT는 심각한 문제가 생길 수 있다고 봅니다. 교수님께서는 교사들이 최후의 보루로서 아이들과 몸으로 '공명'하면서 만들어 가는 교육 현장을 보장하기 위해 어떤 정책이 실현되어야 한다고 보시는지요?

김재인 정책이라…… 저는 무엇보다 교사들이 가르치는 일에 온전히 집중할 수 있도록 돕는 것이 최우선이 아닐까 합니다. 우리나라도 선진국이기는 한데요, 선진국에서 교사들이 교육행정과 민원에 시달린다는 이야기는 없는 것 같습니다. 과연 정책적으로, 교육자로서 제대로 된 교육을 실천할 수 있게 도움과 여지를 주었는지, 교사들을 보호해 주고 있는지에 대한 문제인 것 같아요. 우리나라 교사는 행정과 민원에 시달리는 시간이 근무시간의 80퍼센트까지 된다는 이야기도 들리는데, 사실 예산이 집행되어야 할 곳은 이런 부분 아닐까요? 교사들이 행정에서 자유로울 수 있도록 누군가가 행정 업무를 맡아야 합니다.

어떤 나라에서는 교장 선생님만 학부모들의 민원을 받는다고도 해요. 평교사들을 학교 바깥의 입김이나 압력으로부터 보호해 주고, 여러 책임을 덜어 주는 것을 행정적으로 뒷받침해 주어야 선생님들이 아이들과의 만남에 전념할 수 있지 않나 싶습니다. 오롯이 아이들과 함께하는 시간이 확보될 때 아이들과 교감하고 공명할 수 있게 되리라 봐요. 교사에게 교실에서의 권한을 대폭 넘겨줘야 하겠고요.

한희정 저희가 에듀테크를 교수 학습에 도입하지 말고 행정 업무 경감에 도입해 달라는 주장을 계속하고 있지만 잘되지 않고 있어요. 예를 들면 아이들이 병원에서 건강검진을 한 기록이 학교로 넘어와요. 엑셀 파일로 오는데, 그러면 교사는 건강기록부 시스템에 들어가서 키와 몸무게, 이런 것들을 하나하나 입력해야 하거든요. 이게 개인정보라서 기록 이관이 안 된다고 하는데, 그렇다 하더라도 교사들이 이걸 일일이 타이핑하고 있어야 하는지 조금 답답할 때가 있어요. 이런 것들을 자동화하는 것은 방기하면서 AIDT가 수업에서 굉장히 효과적인 것처럼 부풀리는 부분이 저희가 느끼는 모순이에요.

또 사회가 교사를 보는 시선에 있어서도, 많은 것이 입시 결과로 나타나는 부분 때문에 사람들이 학교를 불신하는 어려움이 있습니다. 학부모님 사이에 복불복이라는 말이 있어요. 특히 초등에서는 정말 좋은 선생님을 만났느냐, 그러지 않았느냐를 많이 따지는데 아이가 좋은 선생님을 만나서 잘 성장한 기억보다 나쁜 선생님들의 기억이 먼저 떠오르면서 교사가 불신의 대상이 된 것 같아요. 그런 점에서 교사들이 무언가를 반대한다고 할 때 신임을 얻기 힘들고, 저희는 교육의 본질을 계속 설명해야 해요. 프레임이 단순해야 설득이 쉬운데, 교실에서 아이들을 보면 똑같은 걸 말해도 이 아이가 말하는 것과 저 아이가 말하는 게 다르거든요. 이것부터 설명하기 시작하면 굉장히 복잡해지고 어려워지는 문제들이 있어요.

그래서 인공지능을 활용하면 좋다, 교사들이 아이들에게 일일이 다 맞출 수 있느냐, 이런 이야기들에 대해 교사들은 학급당 학생 수를 줄여 달라, 학급당 학생 수 기준선을 정해서 그 선을 넘으면 교사를 늘려 달라는 요구를 하고 있어요. 하지만 이런 요구들이 정치 영역에 들어가면 무력화되기도 해요.

또 서이초 사건과 더불어 코로나19 시기를 겪으면서 교사들끼리 학년 공동체에 대해 대화하는 것들이 낯설어졌어요. 그런 상황이 가정뿐만 아니라 사회와 학교에서도 심각해지고 있기 때문에 교사가 아이들과 대면하고 서로 눈을 보면서 이야기할 수 있는 수업이 더 필요하다고 생각합니다. 그런데 선생님께서는 왜 교사의 대면 수업에서 중요한 부분을 다른 것이 아닌 글쓰기로 생각하시는지 궁금합니다.

김재인 전에 『인공지능의 시대, 인간을 다시 묻다』라는 책을 쓸 때, 글쓰기가 예술 작업과 비슷하다고 생각했어요. 작품을 제작해 내는 일과 글쓰기가 비슷한 점이 있어요. 그리고 이런 일에서는 실기 실습에 해당하는 교수법이 가장 효과가 있다는 생각이 들어요. 왜냐하면 과정도 봐야 하거든요.

결과물이 나왔을 때의 즐거움과 쾌감, 보람은 굉장히 커요. 이걸 해 본 사람은 다 알아요. 무언가를 만들어 내고, 그 결과물에 만족하는 상황을 반복 체험하는 것이 그 사람을 성장하게 합니다.

그런 훈련 중에서 글쓰기가 제일 손쉬운 방법인 것 같아요. 글쓰기는 재료비가 별로 안 들고, 시공간의 제약을 거의 피할 수 있고, 각 단계마다 성취가 있다는 점에서 여러 가지 교육적인 효과가 생겨요. 생각하는 훈련, 소재를 찾기 위한 궁리를 계속해야 하죠. 또 소재를 찾아야 하니까 남들과 비교하게 되면서 '내 소재가 더 좋아야 하는데.'라는 선의의 경쟁도 생길 수 있어요. 그래서 글쓰기를 교육의 중심으로 삼는 게 좋지 않겠나 하는 생각을 해 왔습니다.

한희정 초등 교육에는 이오덕 선생님의 글쓰기 교육 운동이 오랜 역사와 전통이 있습니다. 아이들에게 1년 동안 글쓰기를 시키고 1년이 지나면 아이들의 글을 모아서 문집을 만들어 보관하는 전통이 아직까지 이어지고 있지요. 저도 1년 동안 아이들에게 일주일에 세 편씩 글을 써 보게 했는데, 처음에는 아이들이 싫어하고 힘들어하고 저도 피드백하기 힘들었지만, 나중에 1년 동안 썼던 글 중에서 다섯 편을 골라 고쳐 쓰고 문집에 실어 보자고 했을 때 아이들이 엄청난 성취감을 느꼈어요. 한 학년이 올라간 뒤 문단을 조직해서 글을 쓰는 수업을 할 때 한 학생이 "작년에 선생님한테 배운 게 너무 좋았어요."라고 말하기도 했어요. 비슷한 이유로 서울시 교육청에서도 생각을 키우는 글쓰기 교육을 강조하고 있습니다.

또 다른 제 고민 하나를 말씀드려 볼게요. 요즘 아이들은 디지털 네이티브인 알파 세대이자, 너무 어린 시기에 스마트폰을 보면서 불안 세대가 되었어요. 인격과 자아가 형성되기 전에 다른 사람들이 나를 보는 시선을 인식하게 되면서 자아가 약해지고 있어요.

아이들의 지각 능력도 떨어지고 있어요. 예를 들면 1학년 아이들은 학교에 처음 들어왔을 때 교실 찾아오는 법을 제일 먼저 알아야 하고, 매일 밥을 먹는 식당까지 갔다가 교실로 돌아오는 길 등을 알아야 하는데, 예전에는 보통 한 달이면 아이들이 이걸 다 익혔어요. 그런데 요즘은 한 학기가 지나도록 많은 아이가 보건실을 혼자 못 가요.

왜 그런가 생각해 봤더니, 어릴 때부터 아파트 지하 주차장에서 부모님 차를 타고 오갔잖아요. 어린이집도 집 앞에서 셔

틀버스로 다녔고요. 혼자 동네를 다니면서 모퉁이를 지나 얼마나 더 가야 가게가 나오는지, 무슨 거리를 지나면 우리 집이 보이는지를 스스로 주의하고 기억하고 있다가 시뮬레이션하는 경험이 너무 부족하지 않았나 싶습니다. 『불안 세대』라는 책을 쓴 심리학자 조너선 하이트의 말에 따르면, 요즘 아이들을 현실 세계에서는 과잉보호를 하고 가상 세계에서는 과소보호를 한다고 하지요. 아이들이 대근육을 사용하는 능력이 떨어지거나 길을 못 찾는 부분까지 인간의 진화 과정으로 봐야 하는지, 아니면 이것이 우리가 전수해야 할 공동 지성인지, 문화와 문명의 차원에서 이런 기초적인 것도 아이들에게 더 가르쳐 줘야 하는지 고민스럽습니다.

예전에는 초등 1학년 아이들에게 젓가락질을 가르쳤어요. 그런데 요즘에는 젓가락질은 가르치지도 못하고, 숟가락질부터 가르쳐야 해요. 초등 교육에서 문화의 본질을 전수해야 한다고 알아 왔는데, 가정에서도 가르치지 않은 걸 학교에서 굳이 가르쳐야 할까 하는 회의가 들기도 해요.

그러니까 문화를 전수하는 것과 인간의 신체 기능을 발달시키는 것, 궁극적으로는 내 의식으로 내 신체를 제어하는 능력이 점점 부족해지고 있어요. 아이들이 주의가 없는 상태로 가다가 넘어지거나 길을 못 찾거나 하는 현상이 많이 발생하는데, 그런 부분에 대해서는 어떻게 보시는지요?

김재인 2024년 하반기에 「책을 읽지 못하는 엘리트 대학생」이라는 기사가 《애틀랜틱》에 실렸어요. 부제는 이러했지요. 「대학에서 책을 읽으려면, 고등학교에서 책을 읽은 것이 도움이 된다.」 이 기사에서, 미국 컬럼비아대학교에서 문학을 가르치는 니컬러스 데임스 Nicholas Dames 교수는 학생들이 장편소설을 못 읽는다며 하소연하는 인터뷰를 했어요. 아이들이 고등학교 때부터 책 한 권을 제대로 읽어 본 적이 없다는 거죠.

왜 이런 일이 생겼을까 추정해 보면 그 아이들이 태어난 뒤 얼마 안 있어 스마트폰이 등장한 것이 원인이 아닐까 해요. 그들이야말로 디지털 네이티브 1세대에 해당하지요. 2007년에 아이폰이 나왔으니 지금 18년쯤 지났잖아요. 지금 대학교에 들어간 아이들이 막 걸음마를 하기 시작할 때 스마트폰이 있었고, 이것이 디지털 네이티브가 문해력과 관련해 어떤 상황에 처했는지를 보여 준다고 생각합니다.

저는 그 기사를 읽고 우리나라에서도 대학교에서 두꺼운 책을 읽지 못하는 세대가 2, 3년 안에 등장할 것 같다고 진단했어요. 긴 글 읽기를 어디에서도 배운 적이 없고, 심지어 입시에서도 훈련받지 못했기 때문입니다. 이제 곧 대학교에서도 어휴, 하는 소리가 나오겠죠. 서울대학교의 어느 수업에서 학생들이 가장 최근에 읽은 책이 참고서라고 했다는 말도 들었어요.

선생님이 말씀하신 아이들에 대한 과보호, 그러니까 아이들이 다치거나 실수할 기회를 막는 방식이 디지털 기술과 결합하면서 더 심화되었어요. 어떤 사람은 유튜브 보면 다 나오니 상관없는 거 아니냐고 하지만, 저는 이 상황이 인류의 퇴보와 직결돼 있다고 생각합니다.

인류는 지금까지 어려운 훈련을 통해서 매 세대마다 문해력을 습득해 왔고 각 세대는 과거에 축적된 것을 흡수하는 동시에 그걸 발판으로 삼아 보태는 형태로 문명의 크기를 키워 왔습니다. 만약 어떤 세대가 과거에서 전해 받은 유산을 더는 받아들이지 못하고 소화불량에 걸려서, 그 전 세대가 물려준 것 외에 추가로 무언가를 물려주지 못할 뿐만 아니라 그마저도 깎아 먹는 형태가 된다면, 이건 인류의 퇴보라는 관점에서 이해해야 합니다. 이건 상대주의의 문제가 아니에요.

그냥 놔두면 다 알아서 잘되지 않겠냐, 그러니까 아이들도 놔둬야 하지 않겠냐라는 태도는 심각합니다. 인류는 재교육을 반복해야 해요. 그게 끊기면 더 이상 배우지 못합니다.

인문학이 처한 위기와도 비슷해요. 영어가 아닌 학술어 중독일어나 프랑스어 등의 언어가 정말 중요한데 이 학술어를 가르칠 사람이 점점 줄어들고 있습니다. 배울 기회도 줄어들고 있어요. 20년쯤 지나고 나면 학술어로서 높은 수준에서 이 언어들을 구사할 수 있는 사람이 사라지게 된다는 이야기예요. 이건 독일 문학, 프랑스 문학을 못 하는 것 이상의 의미이지요. 시간이 지나면 초중등 교육에서도 똑같은 일이 발생할 수 있습니다. 그게 우려됩니다.

한희정 인공지능도 데이터로 학습을 시키는데, 이 또한 아홉 세대만 지나면 원본이 무너져서 학습과 발전이 어렵다고 하더군요. 그와 유사한 현상이 인류 문화의 전승에 있어서도 나타날 수 있다는 우려가 있어요. 지금 세대가 부모 세대보다 가난해진 세대라는 이야기를 하는데, 그 가난의 문제가 문명의 전수와 창조 능력의 제한과도 관련이 될 수밖에 없다는 생각이 들었습니다.

인류 문명에서 우리가 정말 전승해야 할 것, 갖춰야 할 기본적인 소양이 생활 속 리터러시와도 관련 있을 것 같아요. 저는 '초등학교에서 기초적이고 기본적인 것을 잘 가르쳐 주면 좋겠다.'라는 말을 듣고 싶어요. 그런데 이 기초적인 것이 무엇인가에 대해 과거에는 우리 사회에서 합의가 잘되었는데, 지금은 조금 달라졌어요. 다양성이 커지고 있고 그럴수록 격차도 커지는데, 그걸 격차로 볼 것인지 다양성으로 볼 것인지 경계가 모호하기도 해요. 그래서 교사들이 기초 생활 교육을 하는 데 어려움이 있습니다. 이런 것들을 국가 교육과정으로 합의해야 하는데 다양한 이익 집단 때문에 합의가 잘되지 않아요. 결국 지루한 담론 싸움이 되기도 하지요. 교사들의 용기가 필요합니다. 저희는 현장에서의 실천을 중요하게 생각하는 교사들이니 열심히 이야기 나누고 소통하겠습니다.

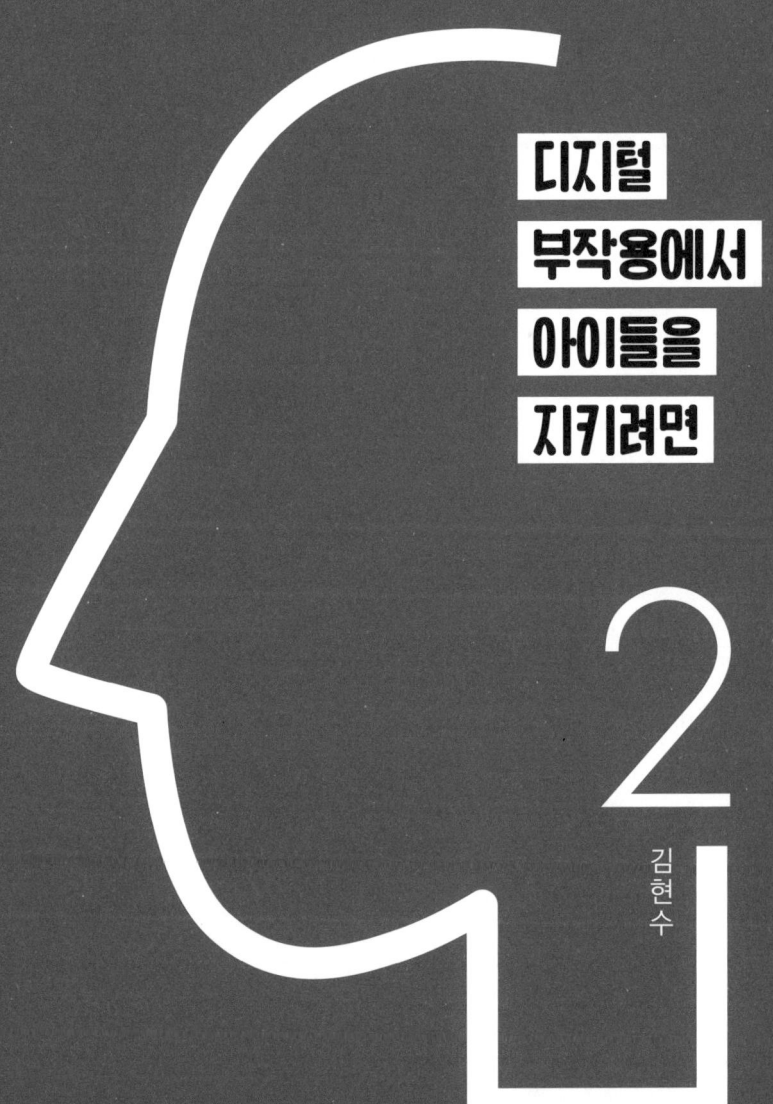

디지털
부작용에서
아이들을
지키려면

2

김현수

"현존하는 기술 대부분은 어린이를 염두에 두고 만들어지지 않았습니다."

이 말씀으로 강의를 시작해 보겠습니다. 2021년 유니세프에서 주최한 인공지능 관련 콘퍼런스에서 브라질 참가자들이 한 말입니다.* 우리가 기술을 개발할 때 그것이 어린이에게 어떤 영향이 있을지를 고려하고 만들지는 않는다는 뜻이죠. 저는 오늘 '인공지능과 어린이 청소년의 정신 건강'을 주제로 강연을 하러 왔지만, 사실 인공지능이 어린이와 청소년에게, 특히 이들의 정신 건강에 어떤 영향을 미치는지를 현재 확정

* UNICEF (2021) Policy guidance on AI for children Version 2.0, Recommendations for building AI policies and systems that uphold child rights. page 11.

하기는 어렵습니다. 인공지능을 사용한 지 그렇게 오래되지 않았기 때문입니다.

잠깐 디지털 기술의 변천사를 살펴볼까요? 1995년 전후로 인터넷이 상용화되었죠. 2007년에 아이폰이 상용화되었고요. 2010년경 페이스북에 '좋아요'가 등장하면서 약간 논란이 일었어요. 그리고 2012년에는 스마트폰이 소통의 도구만이 아니라 사진 중심의 도구로 바뀌는 변화가 일어났죠. 유튜브가 그와 거의 연속선상에 있는데, 유튜브가 등장하면서 동영상 중심의 문화로 또 바뀌었어요. 그다음 코로나19 팬데믹 시기에는 문화적 혁명이라고 할 수 있는 OTT, 넷플릭스가 전 세계적으로 떠오르지요. 최근엔 뭐가 대세인가요? 이제는 '숏폼'(short-form, 길이가 짧은 영상 콘텐츠)의 시대죠. 비교적 짧은 시간 동안 급속도로 디지털 환경이 바뀌어 왔습니다.

최근 숏폼이 히트하면서 강의하는 사람이 무척 힘들어졌어요. 선생님들도 학교에서 느끼시지요? 숏폼 같은 매체에 익숙해진 청중은 이제 15초만 지나면 '왜 안 웃기지?' 하면서 지루해하기 시작해요. 학생들은 더하겠지요. 수업 중에 선생님들이 15초에서 20초 안에 재밌게 해 주지 않으면 자연스럽게 '카톡 하나 보내고 싶다' 이런 마음이 들지도 몰라요. 15초라니, 너무 심하지 않나요? 뭔가 한계에 다다른 것 같다는 느낌이 들어요. 실제로 숏폼이 등장하면서 우리들의 인지, 주의력, 인내심 등에 여러 가지 큰 영향을 미치고 있다고 합니다.

중국에서 시행된 한 숏폼 미디어 중독 연구를 보면, 숏폼 영상에 중독되었다는 의심을 받는 학생들은 학업을 미루고, 주의력에 문제가 생기고, 지루함을 견디지 못하는 경향이 생겼다고 합니다.* 또 초기 숏폼 비디오 중독의 대명사는 틱톡 중독인데, 틱톡 중독이 생기면 불면과 사회불안에 악영향을 미친다는 연구도 있습니다.**

숏폼 비디오(숏츠, 릴스)에 중독이 가능하도록 한 기술적 장치는 무한 스크롤 Infinite Scroll 인데, 이 기술을 가능하게 만든 아자 래스킨 Aza Raskin 은 이 기술의 문제점을 스스로 고백하기도 했죠. 래스킨은 영상에서 영상으로 자연스럽게 연결되는 기술로 인해 인간의 인지적 습관인 호기심과 추구적 경향이 자극되는데, 이를 적절하게 조절하는 통제력을 잃으면 중독 성향이 강화되고, 이를 상업적으로 활용하게 되면 더 좋지 않은

---

* Jin Xie, Xinyu Xu, Yamei Zhang, Yuxin Tan, Dazhou Wu, Mingjian Shi, Hai Huang (2023) The effect of short-form video addiction on undergraduates' academic procrastination: a moderated mediation model. Front Psychol. Dec 15;14:1298361. doi: 10.3389/fpsyg.2023.1298361

** Jiang, L., Yoo, Y. (2024): Adolescents' short-form video addiction and sleep quality: the mediating role of social anxiety. BMC Psychol 12, 369. https://doi.org/10.1186/s40359-024-01865-9

결과를 낳을 수 있다며 경고한 바가 있습니다.*

디지털 부작용을
인지하는 시대

여러분도 아시겠지만 유럽과 미국에서는 소셜 미디어나 인공지능에 반대하는 그룹의 책들이 꾸준히 베스트셀러가 되고 있어요. 그게 하나의 큰 지적 흐름이 되어 있지요. 그중 우리나라에도 번역된 책으로 조너선 하이트의 『불안 세대』가 있어요. 또 요한 하리의 『도둑맞은 집중력』은 국내에서도 장기간 베스트셀러가 되었죠. 『도둑맞은 집중력』을 보신 분들은 아시겠지만 이 책 절반 가까이가 소셜 미디어에 관한 내용으로 채워져 있습니다. 이 책은 교사라면 꼭 읽으셔야 해요. 집중력을 가장 많이 도둑맞은 사람들이 바로 학생들이니까요.

집중력을 '도둑맞았다'는 분석은 아주 중요한 관점의 전환입니다. 과거에는 디지털에 중독되면 그 개인이 비난을 받았어요. 그리고 개인이 치료를 받으면 되었죠. 하지만 이제는 주

---

* https://freedom.to/blog/infinite-scroll/#:~:text=Mental%20Health%20Concerns%20Scrolling%20continuously%20is%20also,urgency%20and%20FOMO%20(fear%20of%20missing%20out).

의력과 집중력을 유지하지 못하게 하는 시스템이 있고, 알고리즘의 강화 작용 때문에 '집중력 상실'은 개인들이 감당하기 어려운 사회적 문제라는 인식이 널리 퍼졌습니다.

어른들은 스마트폰을 많이 하는 아이들을 쉽게 비난하는데, 사실 아이들로서는 억울한 일입니다. 나의 의지를 뛰어넘는, 나의 주의력과 집중력을 빼앗아 가는 데에 탁월한 능력을 지닌 회사가 내가 집중하지 못하도록 방해하는 것이니까요. 이런 상황에서는 아이들을 혼낼 것이 아니라 기업을 바꾸어야 해요.

스마트폰으로 숏폼이나 OTT를 보는 아이들은 이제 선생님의 아날로그식 수업에 가만히 앉아 있기가 너무 힘들어졌어요. 저도 강의를 가면 많이 느껴요. 청소년을 대상으로 제가 이런 강의를 하면 아이들이 잘 들어 줄까요? 이런 이야기도 우리끼리니까 할 수 있는 거예요. 가끔 강의하는 저도 그걸 느끼는데 매일 학생들과 함께하는 선생님들은 더하시겠지요. 유튜브와 인스타그램부터는 인공지능이 덧붙어 작동하고 있습니다. 인스타그램 더하기 알고리즘, 유튜브 더하기 알고리즘, 이렇게 이른바 머신러닝 알고리즘이 소셜 미디어에 덧붙으면서 소셜 미디어가 특정한 사용자들을 장악하는 능력이 훨씬 더 세졌어요. 보여 주고 싶은 것만 더욱 많이 보여 주고 구매하도록 만들지요.

우리도 흔히 경험하지요. 여러분이 쿠팡에서 무언가 검색하면 그게 페이스북에 따라오고 구글에도 따라오잖아요? 여러분의 클릭이 특정한 알고리즘에 노출되면 그에 관한 정보와 광고가 계속 여러분을 따라다니죠. 제가 농담으로 죽기 전에 알고리즘을 다 없애 버려야 한다고 얘기합니다. 알고리즘을 미처 못 지우고 갑자기 죽었는데 내 넷플릭스 계정을 누가 보고는 "이 사람, 건실한 사람인 줄 알았는데 아니네?" 이럴 수도 있거든요. (웃음) 이제 우리를 제일 잘 알고 있는 것은 인공지능 회사들이 되었어요.

이렇게 인공지능에 의한 알고리즘이 지배하는 시대를 비판적 관점에서, 또 경제학적 관점에서 보는 사람들이 사용하는 표현이 있어요. 바로 우리는 지금 '감시 자본주의' 시대에 살고 있다는 거예요.

여러분의 인터넷 주문 목록을 보면 여러분이 최근 뭘 구매하고 있는지 인공지능 회사는 잘 알 수 있습니다. 여러분들의 취향을 다 알고 있는 넷플릭스는 가끔 메일도 보내잖아요. '너의 취향에 맞는 영화가 딱 준비되어 있다' 하고요. 금요일이나 주말이 되면 아예 내 취향에 맞는 드라마나 영화가 나와 있죠. 그럼 이런 생각이 들지 않나요? '고맙다, 넷플릭스야.

이번 주말에 갈 데도 없고 별 계획도 없는 나를 위해 네가 이런 선물을 주는구나. 넷플릭스 너밖에 없다.'

페이스북은 또 어떤가요? 페이스북에서는 나만의 인간관계를 쌓아 갈 수 있어요. 페이스북 하시는 분들은 가끔 자신의 '페친' 목록을 볼 거예요. 그걸 보면서 '아, 나는 이런 사람들과 어울리고 있구나.' 새삼 깨닫죠. 그러다 내가 싫어하는 사람과 관계를 맺고 있는 걸 발견하면? '페삭'(페이스북 친구 삭제)하기도 하지요. 카카오톡, 텔레그램 모두 마찬가지입니다. 인스타그램은 또 어떻고요. 인스타그램에서는 페이스북보다 취향과 관계를 더욱 확실하게 알 수 있어요.

이런 소셜 미디어들은 여러분의 관계를 다 알고 있어요. 국정원도 보지 못하는 정보, 경찰도 접근할 수 없는 정보를 많이 알고 있어요. 내가 무엇을 시청했고 무엇에 '좋아요'를 눌렀으며 언제 눌렀는지 다 알고 있어요. 여기서 경쟁하고, 집착하고, 실망하고, 스릴을 즐기는 동안 우리는 다른 일에 집중하기가 힘들어지죠. 그럼 이 모든 과정의 배후에 있는, 나를 실제로 조종하는 이른바 '딥 스테이트(deep state, 배후에서 실제로 권력을 행사하는 인물이나 기관을 일컫는 말)'는 누구인가요? 인공지능 회사죠. 감시 자본주의의 실체는 인공지능이고 인공지능을 작동하는 건 기업입니다. 기업주는 특정인의 개인정보를 다 파악할 수 있죠. 물론 개인정보 보호를 아주 강력하게 하고 있기는 합니다. 회사들이 여러분들의 개인정보를 보려면 그것을 허락하는 동의서에 사인을 하게 하고, 개인정보를 본 후에는 봤다는 메일을 보내도록 법적으로 의무화해 두었지요. 하지만 완전하지는 않아요.

무기력이라는 저항

인공지능은 편리해요. 한번은 제 후배가 테슬라 자율 주행차를 샀다면서 저를 태워 주더군요. 저를 조수석에 태우고는 "형, 나 이제 손 놓는다!" 하면서 정말 손을 놔요. 그래도 차는 씽씽 달리죠. 저는 그 순간 놀라서 "야, 그러지 마!" 했는데, 이후 저는 아주 미개한 사람 취급을 받았어요. 자동차 핸들에서 손을 놓을 수 있는, 테슬라의 자율 주행에 대한 믿음이 있는 제 후배는 저 편리에 감탄하는 겁니다.

그런데 우리가 이렇게 인공지능이 선사하는 편리에 감탄하는 동안 택시 기사는 해고되고, 가게 직원도 해고되고 있어요. 인공지능이 만든 여러 편리한 기술 때문에 많은 일자리가 사라지고 있습니다. 아까 스마트폰을 많이 한다고 아이들을 혼

내는 것이 아이들로서는 억울한 일일 수 있다고 말씀드렸는데, 취업 못 하는 청년들도 마찬가지입니다. 취업할 일자리가 없도록 산업구조가 바뀌고 있는데 청년들만 열정 없다고 혼내 봐야 억울한 일이죠. 특히 저숙련 노동은 일자리가 상당히 많이 기계로 대체되고 있어요. 우리는 시대적 전환기에 살고 있습니다. 어차피 어떤 일자리는 없어질 거예요. 일정한 세력은 할 일이 없어질 거예요. 그럼 그 사람들을 어떻게 해야 할까요? 그리고 이런 상황에서는 누가 유리할까요?

신기술이 나오면 그 신기술을 적용하기 전에 사회가 이에 대한 논의를 충분히 해야 합니다. 그다음에 여러 가지 보완적 대책을 만들면서 이행기 동안 괴로워할 사람들의 고통을 사회가 나누는 따뜻함이 있어야 저항이 적어요. 하지만 그렇지 못하니 지금은 저항이 매우 큽니다. 제가 진료하던 한 청소년 환자는 캐릭터 디자이너가 꿈이었어요. 그런데 그 준비를 하다가 지금은 아무것도 안 하고 스마트폰 중독자, 게임 중독자처럼 지내고 있어요. 그 아이가 준비하던 캐릭터 디자인 산업에서 기초 작업을 대부분 인공지능에 맡기면서 해당 분야의 학과나 사업 분야가 문을 닫거나 사람을 더 이상 뽑지 않게 된 영향이 크다고 해요. 아이가 꿈을 잃은 거지요.

지금은 그렇게 기술과 산업이 인공지능이나 로봇으로 대

체되면서 사람들이 일자리를 잃는 시기인데, 이 시기의 전환에 대한 준비나 대처가 없다면 사람들은 혼란스러워집니다. 사회에서 자기 자리가 없어진 느낌을 받죠. 그리고 무기력해지기 시작합니다. 그래서 아무것도 안 하는 것으로 대처하고 저항해요. 무기력이란 사실 저항의 현상으로 나타나는 것입니다. 할 일이 없어서 무기력하다고 느끼는데, 그 무기력은 개인의 욕망이 아니라 무기력하게 만드는 시스템에서 오는 겁니다.

그래서 인공지능 때문에 생기는 철학적인 질문을 선생님들이 스스로 던지시고, 아이들과도 나누어야 합니다. 질문은 별거 아니에요. 예를 들어 이런 질문을 던져 볼 수 있어요. '왜 우리는 인공지능 기술을 적용하려고 할까? 편리해서? 돈이 덜 들어서? 더 생산성이 높아서? 또 다른 이유가 있다면 뭘까?' '교육부는 왜 AIDT를 도입하려는 걸까? 학생들에게 어떤 이점이 있을까? 혹시 부작용은 없을까?'

AIDT를 도입하려는 사람들이 주장하는 이유가 있을 테지요. 하지만 그런 주장들도 잘 뜯어 보셔야 합니다. 정말 도움이 되는지요. 한 예로 의학 분야에서는 인공지능이 생각만큼 활약을 못하고 있어요. 인공지능으로 암을 진단한다는 IBM의 '왓슨'이라는 프로그램이 있어요. 등장했을 때 큰 화제가 되었죠. 의사들의 일을 크게 줄여 주고 환자들에게도 많은 도움이 되리라 기대했어요. 그래서 우리나라에도 몇몇 병원에 들어왔는데, 왓슨이 활성화됐을까요? 지금 철수 수준이에요. 있는 병원들도 잘 활용하지 않고, 더 들여오려는 병원도 없습니다. 환자들도 암 진단은 여전히 거의 다 사람 의사에게 받습니다.

왜 그럴까요? 인간이 생각보다 알 수 없는 존재라서 그래요. 예를 들어 해부학 책을 보면 요골신경이 위팔의 안쪽에서 바깥쪽으로 지나간다고 쓰여 있어요. 하지만 실제 사람 몸을 보면 그러지 않아요. 그렇게 지나가면 참 좋은데 말이지요. 정말 신비하게도 사람마다 달라요. 비슷한 범위 안에 있기는 하지만 딱 교과서적으로 위치해 있지 않아요. 교과서는 그저 통계에 기반한 표현일 뿐, 실제 사람의 몸은 무척 다양해요.

교육은 어떤가요? 학교에 인공지능이 도입되면 무엇에 도움이 되고 또 어떤 위험이 있을까요? 그걸 여러분 같은 교사들이 잘 모른다면, 아직 인공지능을 도입하면 안 됩니다. 새로운 기술이 등장하면, 기술에 놀라고 편리에 감탄하기 전에 주어질 결과를 예측해 보고 누구에게 유리할지를 생각해 봐야 합니다.

SF 영화가 주는 힌트

인공지능이 확장된 사회의 어두운 면을 보여 주는 영화는 거의 매년 나오죠. 보통 SF 영화에 그런 이야기가 많은데, 그런 영화의 기본 플롯은 이렇습니다. 일단 미래 사회는 다 회사가 지배하고 있어요. 독재하고 있죠. 온갖 SF 영화 중 인간이 지배하는 것을 소재로 한 작품은 거의 없어요. 대부분 특정한 회사가 어떤 로직에 따라, 알고리즘에 따라 사람들을 살게 해요. 그 로직과 알고리즘은 회사의 주요 멤버들이 결정하고요. 알고리즘에 따른 독재를 하고 있는 거지요.

그곳 사람들은 일단 행복하게 살고 있어요. 그 규칙 안에서는 고통 없이 살고 있지요. 그런데 꼭 영화 주인공은 이 로직이 체질에 안 맞아요. 뭔가 데이터에 안 맞는 유형이에요. 데이터에 부합하지 않는 감각을 지닌 인간이 주인공인데, 영화니까 꼭 남녀 커플이지요. 그러던 어느 날 커플 중 한 사람이 여기 말고 바깥세상이 있으며 그 바깥세상에서는 그렇게 발전되지 않은 기술로 살고 있다는 걸 알게 돼요. 이후 거기서 탈출해서 다른 인간들을 만나 보고는 그게 더 인간다운 삶임을 깨달아요. 그 뒤 서로 힘을 합쳐서 저항군이 되어, 원래 세계의 연합군과 대결을 합니다. 저항군은 인공지능을 다루는 기술자들, 때로는 인격화된 인공지능과 싸우죠. 누가 이기나요? 보통 저항군이 이기죠. 인간이 이기는 겁니다. 그렇게 이긴 결과로 인간들은 옛날처럼 살아요. 힘들게 사는 거예요. 자유를 얻는 대신 고통 또한 얻는 거죠. 이것이 많은 SF 영화의 기본 설정이에요.

이 플롯을 토대로, 조금 SF 영화적인 상상을 해 볼까요? 비극적인 상상이지만 디지털 교과서를 쓰는 순간, 선생님들은 그 교과서 회사의 일원이 됩니다. 그들의 말을 따라야 해요. 교과서가 잘 돌아가는 한 큰 문제가 없을지도 몰라요. 버그를 발견하면 회사에 보고하면 되죠. 이런 버그가 있습니다, 이런 충돌이 있습니다, 이게 맞춤형으로 안 됩니다 하는 식으로요. 그러면 회사에서 "충돌 없애 드리겠습니다." 하는 식의 답이 올 거고요. 하지만 인공지능 회사에서 "이번에 버전 업그레이드 안 됩니다. 그냥 그대로 쓰세요." 한다면? 다른 방도가 없습니다. 그냥 쓸 수밖에요.

어떤 선생님들은 AIDT의 개선점에 대해 가끔 아이디어를 내기도 할 거고, 그 아이디어가 무척 좋다면 승진 비슷한 것도 할 수 있을 거예요. 그런데 누군가 자꾸 쓸데없는 아이디어나 돈이 많이 드는 것을 하자고 한다면? 인공지능 회사에서 "저 선생님은 제거해야겠다!"(웃음) 이럴지도 몰라요. 썩 유쾌한 상상은 아니죠?

너무 앞서간 상상이라면, 이런 건 어떨까요? 인공지능은 보통 데이터에서 출발해요. 데이터를 어떻게 수집하고 어떻게 입력하고 여러 슈퍼컴퓨터가 어떻게 계산하느냐에 따라 예측하는 바가 달라지지요. 그런데 AIDT를 만들 때, 그와 관련한 데이터를 누가 제공할까요? 또 그렇게 개발된 교과서를 개선하는 데 누가 참여할까요? 그 수는 소수일까요, 다수일까요? 그런 변수에 따라 교사들이 얼마나 종속되는지에도 차이가 있을 테지요. 이건 단지 상상이 아니라 AIDT 도입을 논의하는 순간부터 곧장 고민해야 하는 이슈입니다.

인공지능으로 아이를 키울 수 있을까?

양육과 교육에 인공지능을 도입하는 것을 두고 이런 질문을 던져 볼 수 있습니다. 인공지능으로 아이를 키워도 될까요? 인간이 인간에게 상속하고 전수하는 과정이 양육과 교육인데, 이걸 인공지능에게 일부 맡길 수 있을까요? 과연 인공지능 기계는 무엇을 전수할 수 있을까요?

인공지능을 양육에 활용하고 싶다는 생각에는, 양육에 다른 누군가의 도움을 받고 싶다는 욕망이 깔려 있습니다. 인공지능이 나오기 전부터 양육은 결코 쉬운 일이 아니었어요. 뭔가 다른 것이 매우 어려운 양육을 대신해 주기를 바라는 건 최근의 소망이 아니라 오래된 소망이에요.

한번은 제 후배 의사가 〈동물의 왕국〉을 보고 나더니 열을 내더군요. 그 프로그램에서 말이 새끼를 출산하는 장면을 봤대요. 충격적이게도 망아지가 어미 뱃속에서 나오자마자 잠깐 누워 있다가는 이내 걸어 다니더래요. '아니, 망아지는 태어나자마자 걸어 다니는데 인간의 아기는 태어난 뒤에 걷기까지 왜 이렇게 시간이 많이 걸리는 걸까?' 하고 새삼 의문이 생긴 겁니다. 사람은 걷기까지 보통 1년은 걸리잖아요. 인간은 키우기가 힘들어요. 양육이 어려우니까 태어나자마자 걸었으면 좋겠다, 생후 한 달쯤 뒤엔 말을 했으면 좋겠다, 세 달쯤 뒤엔 대소변을 자기가 스스로 알아서 처리했으면 좋겠다, 그래서 나 좀 힘들게 하시 않았으면 좋겠다 하는 마음은 많은 양육자의 오래된 소망이에요.

그런 소망을 반영해서 일본에서 아이 키워 주는 비디오가 나왔던 적이 있어요. 그 비디오 앞에 아이를 앉혀 놓으면 아이가 비디오를 보고 말도 배우고 다 따라 한다는 거죠. 그렇게 했더니 아이가 잘 컸을까요? '비디오 증후군'이라는 병명만 남겼습니다. 텔레비전이나 비디오를 과도하게 시청하면 유사 발달장애, 유사 자폐와 같은 증세를 보이는 정신 질환입니다. 이런 시도는 갓난아기가 돌 전에 말을 배우는 과정에서, 기계에 의한 학습이 불가능하다는 것을 확실히 해 주었지요. 인간의 발달 과정에서 초기에는 더 기초적인 뇌가 발달하고 이후 커 가면서 점차 학습하는 뇌가 발달합니다. 이 자연스러운 발달을 훼손하면 뇌신경 회로망은 엉망이 된다고 하는 것이 이미 밝혀진 바 있습니다. 그래서 미국을 비롯해 많은 소아과 의사 협회에서는 2세 미만 아이들에게 과다한 비디오와 티브이 시청을 금지해야 할 일로 권고하고 있어요.

요즘 인공지능 언어 프로그램이 많습니다. 하지만 그것을 아기에게 하자고 제안하는 사람은 아무도 없어요. 아기가 기계를 통해 말을 배우는 것과 관련된 실험은 다 실패로 끝났어요. 성인이 성인에게 말을 배울 때는 인공지능에 기반한 학습을 할 수 있어요. 그건 가능합니다. 사실 그런 프로그램도 여러 상황에 대처하도록 하는 것처럼 보이지만, 역시 많은 데이터에 기반한 것일 뿐 실제로 정서적 교류를 통해 언어를 배우는 것은 아닙니다. 그저 좌뇌적 정보를 제공하는 인공지능과 우리의 좌뇌가 서로 협력해서 일어나는 일일 뿐이지요. 인공지능을 통해서는 맥락에 따른 학습을 하기가 어려운데, 다만 요즘은 시각 요소까지 많이 발전한 덕분에 조금 더 도움이 되기는 하지요.

로봇 엄마는 정을 줄 수 없어

다시 이전의 질문으로 돌아가 보지요. 인공지능 돌봄 로봇이 아이를 키울 수 있을까요? 저는 크게 두 가지 위험을 지적하고 싶어요. 첫째는, 돌봄 로봇이 키운다는 건 인공지능 회사가 제공받은 데이터에 따라, 아이를 데이터로 키우게 되는 것이란 점이에요. 데이터로 키워지는 아이는 내 아이가 될까요? 회사의 아이가 돼요.

잘 발달된 로봇 엄마가 아이를 키운다면, 먹이고 재우고 씻기는 것을 할 수 있을지도 몰라요. 더 많이 발달된 로봇은 아이에게 정을 주는 것도 가능할지 모르나 현재까지는 굉장히 어렵습니다. 인공지능이 감정을 흉내 낼 수는 있지만 그 감정을 갖도록 하는 데에는 아직 성공하지 못한 것 같아요.

뇌과학적으로 표현하자면 우뇌와 우뇌를 연결하는 일은 현재 불가능합니다. 인공지능을 아무리 개발해도 좌뇌적 논리에 따른 좌뇌적 개발이지 우뇌에 기반한 개발은 어려워요. 인공지능이 양육을 할 때 전수할 수 있는 것은 지식, 그리고 행동 조절 정도예요. 로봇이 관계를 전수할 수 있을까요? 인간은 로봇과의 관계를 상상하고 환상을 가질 수 있어요. 하지만 로봇이 그에 따라 관계를 맺지는 못해요. 심리학적으로 조금 어려운 이야기인데, 우리는 흔히 인간이 하나의 자아를 갖고 산다고 생각하지만 그렇지 않다는 연구가 많이 이루어지고 있어요. 현대사회에 들어서서 사람들의 역할이 많아지면서 고통도 많아졌어요. 그러다 보니 이른바 분열된 자아가 많이 늘어났습니다. 과거에 비해 경계선 인격 장애가 많이 늘어났고 그다음으로 특히 미국에서 해리성 인격 장애가 많이 늘어났어요. 여러분은 몇 개의 자아로 살고 있나요?

어떤 사람은 인공지능과 연애한다고 생각할 수도 있겠지만, 정신의학에서는 그것을 한 개인이 자기 안의 또 다른 자아와 연애하는 것으로 봅니다. 그런 현상이 현대사회에 흔한, 해리된 사람들의 성격 속에서 많이 늘어난다고 보고요.

코로나19 때 사람들이 서로 안 만나기 시작하고 연애를 하지 않으면서, 연애하는 상상을 하는 사람이 많아졌어요. 연애하는 대상이 있는 것처럼 상상하다가 어느 순간 그 대상을 하나의 독립된 인격으로 자기 마음속에 상정해서 움직이게 하는 거죠. 연애를 포함해 인공지능과 관계를 맺는다고 상상하는 일은, 그렇게 해리적 성향이 강한 사람들에게 훨씬 더 잘 일어납니다. 의사들은 그것이 정말 실체의 대상 속에서 일어나는 일은 아니라고 보지요. 인공지능에 의한 양육에 있어서 우려하는 것도 바로 이런 것입니다.

인공지능이 만드는
평균의 함정

인공지능 양육의 두 번째 위험으로 평균과 편견 문제가 있습니다. 어른들이 아이들의 습관을 들일 때 한국 부모들이 들이는 습관이 있고, 일본 부모들이 들이는 습관이 있고, 미국 부모들이 들이는 습관이 있어요. 또 같은 한국에서도 서울 부모들이 들이는 습관이 있고, 대구 부모들이 들이는 습관이 있어요. 알게 모르게 문화적 영향에 따라 차이가 있지요. 그런데 인공지능 데이터에 의지해 양육을 한다면, 만약 그 데이터가 서울 부모들의 습관을 중심으로 한 것이라면 그렇게 키운 아이는 서울 문화권의 아이가 되지요. 인공지능에 양육을 의존하면 아이는 회사가 제공한 삶을 살게 되는 겁니다.

이런 상상을 해 볼까요? 어느 날 아이가 광주에 갔다가 광주 음식을 먹어 보고는 양육 로봇에게 그 음식을 해 달라고 해요. 그 로봇이 "나에겐 그 데이터가 없다."라고 하면서 안 해 주는 거예요. 인공지능에 따른 여러 가지 알고리즘과 데이터가 지배하는 사회가 될 때 큰 문제는 모두가 평균 중심으로 된다는 것입니다. 예외가 생기기 어려워요.

아마 지금 우리나라에 제공되는 디지털 교과서가 가진 기본적인 맥락은 서울, 정상 지능, 중산층이 중심일 거예요. 그럼 서울이 아닌 다른 지역에 사는 사람은? 그런 사람도 그 데이터에 자신을 맞춰야 해요. 무척 어렵겠죠. 그래도 맞춰야 한다고 동화주의적으로 사고하는 분들도 있겠지만, 다문화적 접근을 해야 한다고 생각하는 분들에게 디지털 교과서는 독재에 가까워요.

인본주의 교육은 예외를 인정해요. 예외를 제거하지 않아도 돼요. 다양성을 존중하고 돌연변이가 생기면 존중해요. 돌연변이가 진화를 이끌어 오고, 새로운 문화를 만들어 왔다는 것은 진화심리학에서 굉장히 중요한 이론이기도 합니다. 하지만 인공지능은 평균을 중심으로 세상을 돌아가게 할 가능성이 높아요. 거기에 특정한 편견이 개입될 수도 있어요. 그게 아주 위험해요.

정상을 정의하는 일의 어려움

교육과 양육에 인공지능을 도입한다면 아이들 중 어디까지가 정상 그룹인지 정하는 것이 매우 중요할 겁니다. 아이마다 맞춤형 교육을 해야 하니까요. 그런데 문제는 정상의 개념을 정하기가 쉽지 않다는 거예요. 요즘은 학교에서 심리검사를 많이 하지요. 심리검사는 다문화 아동에게 매우 불리해요. 그 아이를 잘 반영하지 못하거든요. 왜 못할까요? 언어적으로, 문화적으로 맞지 않기 때문입니다. 현재 웩슬러 검사는 한국화, 타당화, 신뢰도 등의 기준에서 기본적으로 서울 사람, 중산층, 평균에 맞춰져 있어요. 그러니까 서울 사람이 아니고 중산층이 아닌 사람에게는 그 문항이 상대적으로 어렵고 불리해요. 이 점을 비판하시는 분들은 이런 심리검사는 그저 참고만 하라고 말씀하시기도 하지요. 저도 다문화 아이들을 대상으로 웩슬러 종합 심리검사를 여러 번 했는데 아주 눈치도 빠르고 영리한 아이가 지적장애나 경계선 지능장애로 나오는 경우가 꽤 있었어요. 그런 아이에게는, 예를 들어 베트남 아이라면 그냥 베트남 가서 검사하고 오는 게 낫다고 말해 줘요.

꼭 문화적 차이가 아니라도 문제는 있습니다. 정상의 개념이 한 가지가 아니에요. 여러분은 '정상'이라는 개념을 어디에 맞춰서 주로 쓰세요? "우리 반에는 정상인 애가 하나도 없어!"(웃음) 이런 말을 할 때 정상의 개념은 어떤 의미예요?

기존의 제도적인 정신의학에서는 정상을 정의하기가 매우 어려워요. 정상은 하나가 아니라 다양한 차원으로 정리될 수 있죠. 사람들이 흔히 정상이다, 아니다 말할 때는 적어도 다섯 가지 이상의 방식으로 말해요. 의대 예과 시절 시험 문제를 하나 보여 드릴게요.

다음 중 정상이란 무엇일까요?

1) Average(평균)

2) Center(중앙점)

3) Standard(표준점)

4) Problem Free(문제없음)

4) Dynamic(역동적, 움직임이 있는 것)

시험에서는 이걸 다 설명해야 점수 5점을 다 줍니다. 하나씩 살펴볼까요? 어떤 사람들은 평균을 정상으로 말해요. 정상이란 곧 평균, 점수를 다 합한 뒤 분모로 나눈 값이라고 말하죠. 또 어떤 사람들은 중앙값이 정상이라고 말하기도 해요. 우리 반에 키가 120센티미터부터 160센티미터까지 있다면, 그 중간인 140센티미터가 정상이라는 식이지요. 중앙값은 평균과 좀 다른 개념이죠. 또 어떤 경우에는 스탠더드가 정상이에요. 표준을 미리 정하는 거죠. 예를 들어 기초학력과 같이 표준을 정할 수도 있어요. 스탠더드를 정해 놓고 이 스탠더드에 도달하지 않으면 정상이 아니다, 문제가 있다고 보기도 해요.

한편 증상이 없으면 정상이다, 문제가 없으면 정상이라고 하는 정상 개념도 있어요. 또 멈춰 있으면 병이고 움직이면 정상이라는 개념도 있어요. 다이내믹이냐 스테틱이냐 이런 걸로 정상의 개념을 따지는 거예요. 각 기준 모두 일리가 있지요? 아마 선생님들이 "우리 반에 정상이 하나도 없어!" 하실 때는 네 번째 기준을 많이 쓰실 거예요. 우리 반에 문제없는 아이는 한 명도 없다는 말씀인 거지요.

여담이지만 이 다섯 가지 기준 외에 아예 다른 기준을 갖고 있는 사람들도 있어요. 더 과격한 집단에 가면 잘해야 정상이라고 해요. 그냥 평균이나 중앙점이 아니라 베스트가 정상이라는 거죠. 그럼 살기 쉬울까요, 어려울까요? 정상에 대해 이런 기준을 갖고 계신 선생님들이 저희 병원에 자주 오십니다. (웃음) 목표가 높으니 살기가 어려워지지요. 목표가 높은 교사는 "우리 반 애들 중엔 내 말귀를 알아듣는 애가 한 명도 없어!" 하는 생각에 매일매일 불행하다고 느껴요. 반면 목표가 낮으면 그저 "오늘 하루 살아 있다는 것 자체에 감사합니다." 하며 사니 덜 불행하지요. 이렇게 정상을 정의하는 것은 꽤 어려워요.

교육과 양육에 인공지능을 이용하는 일과 관련해 우려스러운 점으로 크게 두 가지를 말씀드렸지만, 이를 비롯해 생각해야 할 문제가 아주 많아요. 양육과 교육에 인공지능을 이용하는 것은 무척 조심스럽게 접근해야 할 문제입니다. 디지털 교과서를 비롯해, 무엇이든 위험에 대한 고민 없이 함부로 들여서는 안 됩니다.

영국의 온라인 안전법

이런 문제의식을 저만 갖고 있는 것이 아니에요. 미국과 유럽에서는 좀 더 구체적인 움직임이 있습니다. 대표적으로 트리스탄 해리스Tristan Harris와 아자 래스킨 두 사람이 있어요. 오늘 제 강의는 이 두 사람을 소개하는 것으로 목표를 100퍼센트 달성했다고 해도 좋아요. 트리스탄 해리스는 구글 퇴사자예요. 구글에서 디자인 윤리를 담당하는 일을 했다고 해요. 벌

써 감이 오시지요? 해리스와 래스킨을 비롯해 구글에서 퇴사한 사람들과, 마크 저커버그Mark Elliot Zuckerberg의 회사인 메타에서 퇴사한 사람들이 뭉쳐서 '인도적 기술 센터Center for Humane Technology'라는 단체를 만들었어요. 이 단체에서는 우리나라식으로 말하면 사회적 고발, 내부 고발을 해요. 디지털 기술 회사들과 소셜 미디어 회사들이 영리를 위해 소비자로서의 시민을 어떻게 디지털 기계, 스마트폰, 디지털 플랫폼에 사로잡혀 지내게 하려고 하는지, 즉 중독시키려고 시도하는지에 대해 경고하는 일을 해요. 또 정치인의 입법 과정, 교육계의 교육과정에 인간의 얼굴을 한 기술을 사용할 것을 조언하는 일도 해요. 그와 관련해 발생하는 부작용을 연구하고 사회적으로 공유하는 일도 하고요.(https://www.humanetech.com/ 이 사이트를 방문하면 그들이 어떤 일을 하는지 더 자세히 알 수 있습니다.)

이분들의 활약이 이제 크게 빛을 보기 시작해서 여러 법이 만들어지고 있습니다. 영국에서는 2025년부터 온라인 안전법Online Safety Bill이 시행되고 있습니다. 이 법은 모든 회사가 아동 보호 장치를 지금보다 더 강력하게 마련해야 한다는 생각으로 만들어진 법이에요. 이 법으로 실제로 구글이 큰 압력을 받아서 이제는 어린이에게 어린이 버전을 따로 쓰게 해요. 어린이와 어른의 사용을 분리한 거죠.

또 영국 온라인 안전법에서는 플랫폼 회사들에게 가족 모니터링 기능을 필수로 추가하도록 했어요. 어린이가 어린이용 구글 계정을 만들어서 무언가를 시청하면, 그 부모에게 어린이가 뭘 봤는지를 보내 주도록 한 거예요. 애플의 아이폰 쓰시는 분들은 아시겠지만, 아이폰은 매주 사용자가 얼마나 썼는지 보내 주잖아요. 이번 주 너의 '스크린 타임'(모니터를 들여다본 시간)이 이만큼이다, 이거 이거를 봤다 하고요. 그런 식으로 아이들의 시청 내용을 부모에게 알려 주도록 한 거예요.

또 사업 기능도 제한해 두었습니다. 인스타그램이나 구글을 보다 보면 계속 광고가 뜨는데 사람마다 다른 광고가 뜨지요. 알고리즘을 돌리고 있다는 뜻이에요. 그런데 영국에서는 어린이와 청소년에게는 알고리즘을 적용하지 못하도록 해 두었어요. 알고리즘이 적발되면 그에 대한 손해배상을 청구하겠다고 했지요. 영국에 이어 최근 미국에서도 인스타그램에서 같은 정책을 취하기 시작했어요.

지금 이런 법이 제일 필요한 나라가 어디입니까? 저는 우리나라라고 생각해요. 제 주변에 〈오징어 게임〉 시즌 2까지 다 본 아이들이 수두룩합니다. 넷플릭스를 어떻게 사용하는지 몰라도 유튜브에 다 올라오니 볼 수 있어요. 구글이 온갖 영상의 하이라이트를 보내 주기도 하지요. 심지어 하이라이트 스타일도 바뀌었어요. 옛날에는 대개 20분짜리였는데 요즘은 한 시간짜리 하이라이트도 있어요. 여덟 시간짜리를 한 시간으로 줄여 주니 어른들은 편하기야 하지요. 얼마나 잘 줄여 주느냐가 그 유튜버의 능력처럼 여겨지기도 해서, 가장 잘 줄여 주는 사람이 스타가 되기도 하지요. 그런 영상에 아이들이 거침없이 노출되고 있어요.

우리나라도 2025년 1월 1일부터는 미국처럼 인스타그램이 상업적 알고리즘을 청소년 계정에는 붙이지 않도록 하려고 해요. 인스타그램을 하는 청소년 자녀에게 한번 물어보세요. "너 광고 뜨니?" 하고 물어봤는데 뜬다 하면 아직 정책이 시행되지 않고 있는 겁니다. 지금쯤은 시행이 되고 있으리라 믿습니다. 제가 속해 있는 한 모임에서 정식으로 인스타그램을 운영하는 메타의 한국 지사인 '메타 코리아'에 이 정책을 시행하는지를 문의하는 공문을 보낸 적이 있습니다. 그에 대한 논의도 준비하고 있어요.

우리나라에도 인플루언서가 되기 위해 인스타그램이나 유튜브를 오래 하는 아이들이 있죠? 이런 것을 지나치게 오래 하는 것은 영국식 개념으로는 아동 학대예요. 어린이들이 유튜브 제작을 위해 하루에 여덟 시간 일을 한다? 그럼 안 되는 거예요. 못 하게 해야지요.

게다가 인공지능의 부작용 중에서 현재 세계적으로 제일 많이 논의되는 것으로 딥페이크와 성적인 문제가 있어요. 세계에서 딥페이크를 제일 많이 하는 나라가 어디일까요? 우리나라는 국제 조사에서 딥페이크 범죄가 매우 많은 나라로 꼽히고, 그중에서도 청소년 범죄자가 많은 나라로 손꼽힙니다.

미국의 사이버 보안 회사인 시큐리티 히어로 Security Hero 는 지난해 한국을 "딥페이크 포르노의 가장 큰 표적이 된 국가"라고 불렀습니다. 그 회사가 낸 보고서에서 한국 가수와 여배우가 전 세계 딥페이크 포르노에 등장하는 사람의 절반 이상을 차지한다고 밝히기도 했지요. 또 딥페이크 모니터링 단체 리셋 ReSET 은 한국에 대한 논평에서 "당국이 디지털 성범죄에 대한 더 강력한 처벌을 요구하는 여성들의 목소리를 간과했기 때문에 재미로 딥페이크 포르노를 소비하는 남성 청소년의 수가 증가했다."라고 보고한 바 있습니다.

이렇게 심각한데도 우리나라에는 딥페이크 온라인 포르노의 규모에 대한 공식 기록조차 없어요. 리셋에서 최근 온라인 채팅방을 무작위로 검색했더니 4000개 이상의 성적 착취 이미지, 비디오 및 기타 항목을 발견했다고 해요. 또 이 단체에서 딥페이크와 관련한 지방법원의 판결도 검토했는데, 2021년 이후 딥페이크 범죄로 검찰에 기소된 87명 중 수감된 사람은 3분의 1도 채 되지 않는다고 해요. 60퍼센트가량이 집행유예, 벌금 또는 무죄 평결을 받아 감옥행을 피했어요. 판사들은 유죄 판결을 받은 사람들이 반성하거나 초범일 경우 형량을 줄이는 경향도 있었다고 해요.*

우리가 딥페이크 문제를 아직 충분히 인식하지 못하고 있지만, 이 문제는 매우 심각합니다. 우리나라에서 사회적으로 큰 문제가 되었던 이른바 n번 방 사건도 다 이와 연관되어 있어요. 아이들 중에도 사진이나 영상을 성적으로 활용하는 아이들이 꽤 있습니다. 남의 사진을 찍거나 거기에 다른 사람 얼굴을 합성해서 유포하는 것이 큰 잘못이란 걸 잘 모르는 아이들이 꽤 많아요. '내가 다른 사람의 얼굴을 찍은 것도 아니고 뒷모습 좀 찍은 게 왜 문제냐?' 이렇게 생각하는 거예요. 아주 기본적인 미디어 리터러시가 부족합니다.

사고를 책임질 수 있을까?

새로운 기술을 도입할 때는 아이들을 보호하는 방법을 강

---

* https://www.pbs.org/newshour/world/in-south-korea-rise-of-explicit-deepfakes-wrecks-womens-lives-and-deepens-gender-divide

구해야 해요. 얼마 전에 정신 건강과 관련해서도 챗봇을 만들자는 논의가 있었습니다. 여러분은 챗봇을 사용해 보셨나요? 은행에서 요즘 챗봇 상담을 많이 하지요. 한번은 다국적 회사 IBM이 인터넷을 기반으로 정신 건강에 관한 의료 상담을 하는 챗봇을 만들어 주겠다고 한국의 한 지방정부에 제안했었어요. 그걸 하려면 공공 의료 기관이 우울증 환자를 진료한 차트를 다 주어야 했지요. 정신 건강과 자살 예방을 위한 알고리즘을 만들어야 하니까요.

의료 상담 챗봇은 이런 식이에요. 일정한 순서도가 있어서, 상담자가 질문에 불안하다, 우울하다 하는 식으로 계속 응답해 가면 그에 대해 필요한 콘텐츠를 제공하는 거예요. 이런 챗봇이 가능할지 그리고 필요할지 당시 서울시장이 기술자들과 의사들에게 문의하기도 했지요. 결과적으로 우리나라는 만들지 않기로 했어요. 그걸 만들려면 정신과 진료에 관한 우리의 큰 자산을 넘겨주어야 하기 때문입니다. 또 그런 정보를 넘겨서 챗봇을 만든다 한들 그 챗봇이 가장 바람직한 결과를 도출하리라는 것도 믿을 수 없기 때문입니다.

벨기에에서 2023년에 한 남성이 기후 위기에 대해 챗봇과 상담하다가 챗봇이 자살을 부추겼고 그 남성은 이후 자살을 한 사례가 크게 보도된 적이 있어요. 당시에 인공지능 챗봇 상담의 투명성과 윤리, 알고리즘에 대한 책임 논의가 격화되었지요.*

또 미국에서는 2024년 14세 청소년이 인공지능 챗봇에 의존하며 마음을 터놓고 대화를 나누다 자살하게 된 사건이 발생합니다. 챗봇과의 대화 내용을 놓고, 챗봇의 영향에 따른 자살이라고 여긴 부모는 인공지능 챗봇 회사와 이 회사를 광고한 구글을 고소했죠.**

이런 사고를 막을 수 있을까요? 그리고 혹시 사고가 일어났다면 그에 대한 책임을 누가 져야 할까요? 인공지능을 개발한 회사가 책임져야 하는데 어떻게 질 수 있을까요? 미국과 유럽에서는 이미 그런 윤리적인 문제가 상당히 큰 이슈가 되기 시작했어요. 이렇게 인공지능과 관련된 문제가 계속 생기면서 영국에서 온라인 안전법을 만든 것입니다. 지금까지는 계도 기간을 줬고 이제는 실행 단계지요.

영국이 먼저 시작하니, 유럽 다른 나라에서도 이런 법을 따르는 문화가 형성되고 있어요. 그래서 메타는 2024년 가을께

* https://www.brusselstimes.com/430098/belgian-man-commits-suicide-following-exchanges-with-chatgpt
** https://apnews.com/article/chatbot-ai-lawsuit-suicide-teen-artificial-intelligence-9d48adc572100822fdbc3c90d1456bd0

부터 미국, 영국, 캐나다, 호주에서 인스타그램과 페이스북의 신규 청소년 계정은 비공개를 디폴트로 하고 있어요. 자신이 허락한 사람만 보게 하도록 했죠. 또 부모의 감독 기능을 강화하고 한 시간마다 알람이 울리게 했어요. 야간에는 알림이 자동으로 오픈되게 하고, 자살 자해 콘텐츠나 성적인 콘텐츠가 올라오면 추천되지 않게 다 차단하도록 했지요. 안타깝게도 메타가 다른 나라에서는 이런 조치를 아직 취하지 않고 있습니다. 왜 안 할까요? 아직 고소를 안 당했거든요. 미국에서는 33개 주에 고소당한 일이 있었어요. 메타는 33개 주에 이러이러한 조치를 취할 테니 고소를 철회해 달라고 요청한 상태입니다. 배상하느니 선제적으로 움직인 것이지요.

이 모든 논쟁의 핵심은 그냥 소셜 미디어가 아니에요. 인공지능에 따른 판매와 연결이 핵심입니다.

디지털 미디어에 기반한 학습의 실패

이제 AIDT 이야기를 좀 더 깊이 해 볼까요? 학교에 도입되는 인공지능과 관련해서 현재 가장 큰 이슈가 되고 있으니까요. AIDT와 관련해서 우리나라는 트렌드에서 조금 벗어난 상태예요. 현재 AIDT는 폐기 수순에 있습니다. 그런데 우리는 거꾸로 확산하려고 하고 있죠. 외국 사람들이 볼 때는 저 나라는 뭐 특별한 게 있어서 그러나 싶기도 할 거예요. 사실 우리나라는 세계적으로 유명한 인공지능 툴이 하나도 없어요. 중국의 딥시크Deep seek처럼 갑자기 뭔가 나타날지도 모르지만 현재까지는 없어요. 그런데도 왜인지 AIDT만큼은 확산하려는 움직임이 커요.

그럼 왜 다른 나라는 폐기 수순일까요? AIDT를 사용해 봤고, 이전과 비교해 본 결과가 나오기 시작했거든요. 디지털 교과서는 종이책보다 못하다, 스크롤 속도만 빨랐지 의미 있는 학습이 안 된다는 연구 결과가 많이 나왔어요. 의미 있는 학습이 안 되었다는 건 진도는 나갔지만 학습으로 남은 건 없다는 뜻입니다.

관련 연구를 볼까요? 대표적으로 미국 메릴랜드대학교의 퍼트리샤 알렉산더Patricia Alexander 교수의 연구 팀이 진행한 것이 있어요. 이 팀은 500단어 이상의 책이나 화면 한 페이지 이상의 긴 글을 읽을 때는, 디지털 기기를 사용했을 때 이해력이 떨어질 가능성이 높다는 연구 결과를 발표했지요. 또 연구에 따르면 화면으로 읽을 때 더 큰 신체적·정신적 요구, 즉 스크롤의 성가신 불쾌감, 일부 장치의 지루한 눈부심과 깜박임이 있었어요. 브라우징과 멀티태스킹 등의 디지털 환경에 따라 집중력에도 차이가 있었죠. 반면 인쇄된 책으로 읽으면 마음속에 공간적 인상(예컨대 책에서 특정 구절이나 다이어그램이 나타난 위치에 대한 기억)이 남았습니다. 이 결과를 두고 연구 팀은 이렇게 말했어요.

"학생들은 디지털 방식으로 인해 읽는 속도가 더 빨라졌기 때문에 더 잘 이해했다고 생각합니다. 하지만 그건 환상이에요."

알렉산더 교수의 연구 팀은 디지털과 인쇄물의 차이에 대해 또 다른 연구 결과도 발표했습니다. 2016년에 실시한 실험인데, 학부생 90명에게 컴퓨터와 인쇄물로 짧은 정보 텍스트(약 450단어)를 읽어 보라고 했어요. 짧은 글이어서 스크롤이 필요하지 않았지만 그래도 흡수하는 정보의 양에 차이가 있었습니다. 학생들은 어떤 매체로 읽든 구절의 주요 아이디어를 설명하는 데에서는 성적이 똑같이 좋았지만, 추가 요점을 나열하고 추가 세부 사항을 기억해 보라고 했을 때는 인쇄물로 읽은 사람의 성적이 더 좋았습니다.*

디지털 교과서와 관련해 또 하나 중요한 것은 격차예요. 기

---

* Singer, L. M., & Alexander, P. A. (2017). Reading on Paper and Digitally: What the Past Decades of Empirical Research Reveal. Review of Educational Research, 87(6), 1007-1041. https://doi.org/10.3102/0034654317722961 (Original work published 2017)

술력이 있는 중산층 부모들은 디지털 교과서로도 학습 지도가 가능해요. 하지만 디지털 문맹인 부모는 힘듭니다. 코로나 19 때도 줌을 사용해 본 엄마 아빠는 아이가 줌이 어쩌고 저쩌고 하면 이렇게 저렇게 하라는 지도가 가능했어요. 하지만 "줌이 뭐지?" 했던 부모님들은 기술적인 지도가 불가능했죠. 지금 AIDT 도입을 반대하는 많은 지식인과 교육학자는 이런 격차 문제를 아주 심각하게 걱정하고 있습니다. 이 격차가 혐오를 강화한다는 점도 지적하고요.

미국에서도 상황이 비슷했어요. 미국 퓨리서치센터의 조사에 따르면 빈곤층 부모들은 와이파이 연결부터 숙제 지도에 이르기까지 훨씬 더 큰 어려움을 겪었다고 하지요. 자신의 자녀가 디지털 미디어에 의한 수업을 따라가지 못할 것이라는 불안도 훨씬 컸다고 하고요. 특히 저소득층 부모 10명 중 6명이 교육 격차가 더 커질 것으로 생각했다고 합니다.*

격차 문제도 해결해야 할 중요한 이슈지만, AIDT는 과연 더 교육적일까요? 이와 관련해 AIDT의 단점을 굉장히 부각시켰던 큰 사건이 하나 있습니다.

* https://www.pewresearch.org/short-reads/2020/09/10/59-of-u-s-parents-with-lower-incomes-say-their-child-may-face-digital-obstacles-in-schoolwork/

2013년에 구글 엔지니어 맥스 벤틸라Max Ventilla가 알트스쿨 Altschool이라는 대안 학교를 설립했어요. 마크 저커버그를 비롯해 실리콘밸리의 명사들이 이 학교에 거액을 투자하면서 유명해졌지요. 이 학교는 기술을 교육에 적극 도입했어요. 이른바 기술 친화적인 학교였는데, 아이들은 등교하면 노트북을 켜고 온라인 강의를 들었죠. 학교에서는 종이 교과서를 없애고 디지털 교과서를 썼고요. 알트스쿨은 디지털 정보에 기초한 맞춤형 교육과정으로 접근하는 미래형 학교로 각광받았지만, 이 학교의 실험은 거의 실패로 끝났습니다. 설립 후 7년 만에 알트스쿨 9곳이 모두 폐교했어요. 이 학교의 디지털 교육 실험은 여러 면에서 실패한 셈이지요.

이 학교를 심층 취재한 한 기자는 디지털 교육의 결과를 문맹자 양산, 피상적 기술 습득, 사고력의 부재로 정리하기도 했죠. 아이들의 사고력, 판단력, 통합 능력이 잘 길러지지 않은 것입니다.*

디지털 교과서가 심각한 건강 문제, 심리 문제를 유발한다는 연구 결과도 있어요. 오래전 우리나라에서도 관련 연구가 이루어졌어요. 2012년에 고려대학교 간호학과 서문경애 교

---

* https://www.nbntv.co.kr/news/articleView.html?idxno=3031611

수 팀이 시범적으로 도입된 디지털 교과서를 사용한 40개 학교의 학생들을 대상으로 연구했는데, 디지털 교과서 학습자들에게 시각 피로와 시력 저하, 거북목과 등 통증, 척추측만증뿐 아니라 신체 활동의 감소, 비만의 증가 등이 더 발생했다고 해요. 또 심리적 증상으로 조바심, 짜증, 불안이 더 높아졌다는 결과도 나왔습니다.*

이런 연구 결과가 쏟아지면서, AIDT와 관련한 정책을 바꾸는 나라도 늘어나고 있어요. 스웨덴에서는 디지털 교과서를 쓰다가 2024년 가을에 전면 폐기했습니다. 2024년 2학기부터는 디지털 교과서를 아예 안 쓰기로 했어요. 디지털 교과서를 사용하고 나서 인지심리학과 학습심리학 쪽 연구에 큰 반전이 생겼기 때문이에요.

막상 종이 없이 디지털로 교육을 해 보니, 아이들이 지식과 기억을 스스로 활용하는 것이 안 되는 결과가 나타났습니다. 눈으로만 화면을 보면 진도가 나간 느낌은 들지만, 그냥 느낌일 뿐 실제로 머릿속에 남은 것이 별로 없었어요. 아이들이 공부한 것이 장기 기억으로 넘어가지 않은 거예요. 손으로 쓰고 몸으로 익히고 실제로 경험하는 것이 그만큼 중요해요. 그래

---

* 서문경애 등 (2012): A Review of Studies on the Health-adverse effects in using Digital Textbooks. Journal of Digital Convergence 10(1) : 166-175

야 학습이 일어나거든요. 앉은 자리에서 눈으로 보고, 컴퓨터 모니터에서 시뮬레이션만 해 보는 걸로는 진짜 학습이 일어나지 않아요. 그래서 스웨덴에서는 디지털에 의존한 교육을 더 하지 않기로 한 겁니다.

스마트폰을 갖고 있어도 쓰지 않으면 괜찮을까요? 이에 관한 연구 결과들을 보면 쓰지 않고 가지고 있기만 해도, 가지고 있다는 것 자체로 주의력이 상당히 분산되었다고 합니다. 알람이 켜져 있으면 더욱 방해가 되었고요.* 여러분은 지금 스마트폰에 '카톡' 메시지가 몇 개 와 있나요? 제 강의를 듣는 동안 슬쩍 폰을 봤는데 100개쯤 와 있더라 하면, 그 순간부터 강의에 집중할 수 없을 거예요. 제가 빨리 강의를 끝내기를 바라는 마음이 들 겁니다. 스마트폰은 우리 주의력을 그만큼 쉽게 빼앗아 가요.

『불안 세대』를 보면 2020년 미국 공립학교의 77퍼센트가 수업 시간 내 스마트폰 사용을 금지하고 있다고 합니다. 이것만으로도 조금 효과를 보긴 하지만 충분하지 않습니다. 학교에 있는 시간 내내 스마트폰을 금지할 때 효과가 있다는 근거들이 꾸준히 나오고 있다고 하지요. 또 스마트폰을 아예 학교

---

* 조너선 하이트, 『불안 세대』, 이충호 옮김, 웅진지식하우스, 2024, 364~370쪽.

에 가지고 오지 않게 한 학교들의 결과는 더 좋다고 하고요. 안타까운 것은 스마트폰 사용으로 인해 더욱 학습이 어려워진 이들이 하위 25퍼센트의 학생들이라고 보고된다는 점이에요. 결국 스마트폰 과다 사용이 교육 격차를 일으키고 있습니다.

그래서 미국도 플로리다를 비롯해 몇 개 주만 스마트폰을 학교에 가지고 오지 못하게 하다가 점차 많은 주가 그렇게 하고 있습니다. 가져오게 하면 학습이 일어나지 않는다는 것을 인지하고 그런 방침에 점점 많은 학부모가 찬성하고 있어요. 상식이 변화하면서 학교 정책도 달라지고 있는 겁니다. 스마트폰이 학업을 어떻게 방해하는지에 대한 데이터는 이제 너무나 충분해진 상태예요.

우리나라는 아직 학교나 학원 스케줄을 관리하는 것 때문에 그러기가 힘들 거예요. 학생들이 스마트폰을 가지고 다니는 것이 불가피하다고 생각하는 사람이 많을 겁니다.

디지털 교과서 회사가 망한다면?

교사의 입장에서 보면, 디지털 교과서의 문제가 또 있습니다. 디지털 교과서 사업은 학교 교육을 회사 교육으로 바꾸는 것이라는 점이에요. 교육이 영업의 대상이 되지요. 디지털 교과서를 쓰게 되면 학교에 누가 찾아옵니까? 디지털 교과서 회사 사람들이 찾아와서 자기 회사 것을 쓰라고 찾아와서 영업할 겁니다. 지금도 그런 회사에서 주최하는 연수에 가면 밥도 주고 선물도 주죠. 의사들에게 제약 회사들이 자기네 약 쓰라고 영업하는 것과 다름없습니다. 미국은 주마다 다르긴 하나, 제일 진보적인 주에 가면 의사가 제약 회사가 주는 물만 마셔도 징계를 받습니다. 그런 곳에서 의사를 하려면 제약 회사 사람을 아예 안 만나는 게 상책이에요. 물론 어떤 주에서는 선물 받는 것까지 용인되고요. 우리나라는 아직까지 선물도 받을 수 있고 제약 회사가 제공하는 밥도 먹을 수 있긴 해요.

아주 원초적인 차원의 디지털 교육은 지금도 진행되고 있어요. 교사들이 많이 하시는 원격 연수가 바로 그런 교육이지요. 그런데 원격 연수를 넘어서 학생 맞춤으로 개별화하려면 그 회사와 학교가 깊은 유대 관계가 있어야 해요. 교사가 어떤 제안을 하면 디지털 회사가 그 아이디어를 실현해 줘야 하니까요. 선생님이 회사랑 굉장히 친해져야 하는데, 그건 다른 말로 하면 교사가 회사에 의존하는 일이 되겠죠? 회사는 학교 단위를 넘어 개별 교사에게 영업을 하게 될 거고요.

그런 영업에 힘입어 디지털 교과서를 채택했다고 쳐 봅시다. 그런데 그 교과서를 제공하던 회사가 갑자기 망해서 문을 닫았어요. 그럼 어떤 일이 벌어질까요? 그 과목이 없어져 버려요. 종이 교과서는 회사가 망해도 그나마 책이 남지요. 하지만 디지털 교과서는 프로그램에 접속이 안 되면 할 수 있는 게 아무것도 없어요. 교육과정이 유지되지 못해요. 실제로 이런 일이 알트스쿨과 미국 로스앤젤레스에서 일어나기도 했어요.

막대한 비용을 들여 개발한 교육 소프트웨어나 디지털 교과서는 학생들에게 호응을 받는 것도 중요하고, 또 기술적으로 업데이트되는 것이 매우 중요합니다. 하지만 학생들의 호응을 받지 못해서 이용되지 않거나 업데이트할 회사의 수입이 충분하지 않으면 유지가 되지 않아요. 디지털 교과서는 자선 사업이 아니라 영리사업으로 개발되었기 때문에 수익을 내야 하지요.*

자, 이제 우리는 어떻게 교육을 지속할까요? 생각해야 할 문제가 한두 가지가 아닙니다. 저는 요즘 아이들이 많이 걱정됩니다. 우리가 어렸을 때처럼 마음껏 놀지도 못하는데 온라인에서는 충분히 보호받고 있지 못해요. 그런데 현실에서는

---

* https://www.forbeskorea.co.kr/news/articleView.html?idxno=325056

또 어떤 면에서 과잉보호되고 있지요. 아이들의 롤 모델은 현실이 아니라 인스타그램에 있고요. 이 아이들이 과연 앞으로 어디로 가게 될까요?

이미 성인이 된 사람들과 아직 발달 중인 아이들은 다르게 접근해야 합니다. 어른들의 학습에는 인공지능이 유용한 측면이 분명히 있습니다. 하지만 아이들은 달라요. 그 차이에 대해 어른들이 더 많이 인식해야 합니다.

제 이야기 마치겠습니다. 고맙습니다.

김현수 X 동소희 대담

동소희 안녕하세요? 저는 실천교육교사모임 인천 지부 회장을 맡고 있는 동소희라고 합니다. 요즘 인공지능 기술을 이용한 장난감이 무척 많이 나오고 있어요. 그중 챗봇 기능을 사용해서 아이들과 대화를 나누고 교육 콘텐츠도 제공하는 장난감이 있지요. 아까 강의 중에 선생님께서 인공지능 로봇을 통해 아이들에게 언어나 생활 습관을 가르칠 수는 없다, 그런 시도는 실패한 것으로 이미 결론이 나왔다고 하셨는데 현재도 그런 장난감이 여전히 많이 생산되고 있습니다. 요즘에는 심지어 감정을 인식하고 반응하는 장난감도 있어요. 중국에서는 6개 국어를 구사하는 예쁜 피규어 인형도 있다고 해요. 국내에도 인공지능 인형이 있고요. 초등학생들은 이런 장난감을 많이 접하고 사용합니다. 선물받고 싶어 하는 아이도 있고요. 이런 장난감을 어떻게 보시는지요?

김현수 학습 인공지능이라면 양육자가 일하는 동안에 아이를 그런 장난감 앞에 앉혀 두고 단어를 외우게 하는 데에 활용할 수는 있겠지요. 아이의 학습에 약간 도움을 줄 수 있을 것 같아요. 하지만 그런 인공지능이 말하는 법을 가르치기는 어렵다고 생각해요. 그리고 단어를 가르치는 정도라도 부모가 세팅해 줄 필요가 있지요. 부모의 세팅 없이 아이가 스스로 상호작용하는 인공지능은 아직은 영화적인 기대입니다.

그리고 다른 중요한 문제가 있습니다. 우리도 지니나 시리 같은 아주 간단한 인공지능을 써 본 적이 있어서 잘 아는데, 인공지능은 거절을 하지 않아요. 우리가 무슨 말을 하든 답해 주죠. 그런데 실제 사람은 그렇지 않아요. 아이들이 선생님에게 어떤 질문을 했는데 선생님이 그건 안 된다고 하면, 인공지능에 익숙해진 아이들은 화가 날 수 있어요. 그동안 상대해 왔던 인공지능들은 다 예스만 했거든요. 나한테 복종만 하고 다 나에게 맞춰 주는 대상과 오래 관계를 맺으면 아이의 사회성 발달에 상당한 어려움을 줄 수 있어요. 자신을 거부하고 자신에게 맞춰 주지 않는 사람과의 관계가 더 어려워질 수 있다는 점이 우려됩니다.

동소희 인공지능은 몇십 번 똑같은 질문을 해도 거부하지 않지요. 하지만 일상에서 아이는 엄마에게 거부당하는 경우도 있고 좌절을 겪기도 하지요. 또 사람들은 상대의 말에 담긴 묘한 뉘앙스를 파악해 가며 상대와 관계를 형성하고 타협하기도 하는데, 그런 것을 인공지능 장난감과는 할 수 없어요. 그래서 편협하고 단편적인 관계밖에 되지 않는 한계가 있다고 하지요. 그럼 그런 장난감을 스마트폰과 비교해 보면 어떨까요? 스마트폰은 육아 필수품이 되어 버린 측면이 있습니다. 음식점에 가면 아이들은 다 스마트폰 화면을 보고 있지요. 그게 발달 과정이나 주의 집중력에 매우 좋지 않은 영향을 미친다는 것은 다들 알고 있죠. 그런데 이런 유튜브의 영상 콘텐츠, 틱톡 같은 것과 인공지능 콘텐츠를 서로 비교했을 때 어느 것이 더 아이들에게 나쁘다 할 수 있을까요?

김현수 유튜브 역시 인공지능 방식을 활용하고 있기 때문에 특별히 둘 사이에 차이가 있다고 보기는 어렵습니다. 다만 그냥 매체와 달리, 인공지능 로봇이나 강아지는 독립된 대상이기 때문에 더 많은 환상을 불러일으켜요. 우리가 로봇에 대해 가지고 있는 특별한 환상이 문제입니다. 인공지능 덕분에 인간들은 죽음과 관련된 특별한 환상을 가져 보게 되었어요. 많은 영화에 뇌는 살리고 몸은 로봇이 되거나 하는 식으로 영원히 죽지 않는 판타지가 등장하지요. 죽지 않고자 하는 우리의 욕망이 인공지능과 로봇에 담겨 있어요. 우리가 새로운 생명을 창조한다는 환상, 그것을 통해 불멸할 수 있다는 희망, 그런 것을 인공지능이 주는 것 같아요. 인공지능이 인간이 갖고 있는 아주 오래되고 깊은 열망을 자극했어요. 내 DNA의 전부는 아니지만 일부를 남기고 몸을 기계로 재구성하면 죽지 않을 수 있다는 식의 환상, 재탄생하고 또 재탄생하는 불멸에 대한 환상.

그리고 또 한 가지 환상이 있는데, 바로 노동 혹은 고통으로부터 해방되는 환상이에요. 육아로부터 나를 해방시켜 줄 로봇에 대한 환상, 가사 노동으로부터 나를 해방시켜 줄 로봇에 대한 환상, 우리가 해야 하는 고통스러운 노동을 대신할 수 있는 로봇에 대한 욕망이 있지요. 그걸 가능하게 할 것 같은 기술이 개발되면서 더 딜레마에 빠지는 듯해요. 그런데 여러 가지 어려움이 그렇게 해결되면 정말 좋을까요? 하루빨리 우리가 해방되어야 한다는 사람이 있는가 하면 그렇지 않은 사람도 있어요. 아이들이 인공지능 장난감을 가지고 놀 때도 그에 관한 고민을 조금 해 보시면 좋습니다. 어른들도 그에 대한 답을 잘 찾아가야 하고요.

동소희 다른 교사의 질문을 전해 드려요. 최근 기술이 진보하면서 학교에서 따돌림 문제가 더 심화되고, 해결 불가능해진 것 아닌가 하는 느낌이 들 때가 있습니다. 요즘 아이들이 소셜 미디어를 많이 하는데 소셜 미디어의 알고리즘이 혐오를 강화하는 것이 그 한 이유 아닐까 합니다. 어떤 아이가 싫은 느낌이 소셜 미디어를 통해 계속 이어지는 느낌이 있는데 이에 관한 사례나 연구가 있을지, 선생님은 이에 대해 어떻게 보시는지 궁금합니다.

김현수 현실에서의 인간관계가 주는 복잡함과 고통과 어려움을 소셜 미디어가 회피할 수 있도록 도와주는 것은 사실이에요. 전에 제가 아는 아이 중에 학교에 가지 않는 아이가 있었어요. 어른들은 친구가 없어 사회성이 부족해질까 봐 걱정했는데 정작 아이 본인은 소셜 미디어에 친구가 많다고 생각하더군요. 소셜 미디어 속 인간관계가 현실의 관계보다 훨씬 더 좋다고도 했지요. 왜 더 좋은지 물었더니 소셜 미디어에서는 외모를 따지지 않는다, 직접 만나서 뭘 먹거나 하는 게 아니니까 교통비도 안 든다, 또 거기서는 나이를 속일 수 있으니 나이가 별로 중요하지 않아 민주적이라고 주장했어요.

그런데 그 아이의 생활을 보면 아이가 매우 어려워하는 점이 있었어요. 귀한 외동으로 크면서 호불호가 너무 분명해졌는데, 그걸 부모님이 다 맞춰 주다 보니 다양한 아이들과 섞이기가 어려웠죠. 나한테 맞춘 인간관계만 하고 싶은데 학교에서는 그게 안 되고, 그래서 학교생활이 점차 힘들어졌어요.

또 소셜 미디어에서는, 예를 들어 페이스북 같은 경우는 누가 자기와 반대되는 의견을 내는 것 같다 싶으면 친구 삭제를 하면 되잖아요. 경고 없이 삭제하기도 하는데, 그게 가능하다는 점에서 소셜 미디어는 자기중심적인 관계에 익숙하게 하지요. 또 자기 그룹끼리만 소통하게 하고요. 현실 세계는 51 대 49, 40 대 60에 가깝고 결코 0 대 100이 아닌데 소셜 미디어에서는 0 대 100으로 가는 인간관계를 맺다 보니, 인간관계의 실제에 대한 느낌을 사라지게 해요. 그래서 점점 관계 맺기가 어렵다 느끼게 하지요. 또 편견의 문제도 있어요. 우리나라 인스타그램에는 확실히 편견이 있어요. 많은 아이가 아이돌처럼 되고 싶어 하는데, 아이돌의 전형적인 스타일이 있어요. 얼굴은 작아야 하고 어디 유명한 곳을 다녀와야 하고 유행에 민감해야 하죠. 그런 편견이 아이들을 병들게 해요.

어떤 아이들은 딸기 철이 되면 대전 성심당에 가서 '딸기 시루'를 사서, 먹기 전에 사진 찍어서 인스타그램에 올리고, 그렇게 스스로 인증하며 살아야 한다고 느껴요. 한 어머니는 아이를 위해 주말에 성심당 앞에 가서 하룻밤 자고 딸기 시루 대기 150명 안에 들어서 그날의 딸기 시루를 받았대요. 그걸 해 주면서도 엄마는 그게 왜 중요한 일이냐 하고 아이는 왜 엄마는 나를 이해 못 해 주냐, 딸이 '핵인싸' 되는 게 싫냐고 하면서 실랑이를 벌였대요. 이런 풍경이 모두 소셜 미디어에서 시작되는 거죠. 소셜 미디어가 자기중심적 인간관계를 더 강화하게 하고, 유행을 따르게 하면서 서구에서는 특히 여학생들이 많이 우울해한다고 우려합니다. 미국의 데이터를 보면 인스타그램을 할수록 우울하고, 인스타그램에서 '사회적 비교 활동'을 더 많이 할수록 자살 시도가 더 많다고 합니다.[*]

상대적 박탈감이 그 큰 원인으로 지목되고 있습니다. 인스타그램을 보는 시간이 많을수록 사람을 만나지 않고, 사회적 비교를 많이 하면서 자신의 처지를 더 비참하게 혹은 수치스럽게 느끼는 경우가 많았다고 합니다. 10대들은 관계 속에서 자신이 '핵인싸'임을 입증하는 방법도 인스타그램에 자신을 멋지게 치장하거나, 중요한 장소를 다녀왔거나 멋진 '셀럽'들과 교류하는 것이라고 생각해요. 이런 경험을 하지 못하면 자

---

[*] Social media use and depression in adolescents : a scoping review (2020) : Carol Vidal, Tenzin Lhaksampa, Leslie Miller, Rheanna Platt. Int Rev Psychiatry, 32(3):235-253. doi: 10.1080/09540261.2020.1720623. Epub 2020 Feb 17.

신이 '아싸'처럼 느껴지면서 더 우울해지고 비참한 기분을 느끼는 일이 생깁니다.

특히 여학생들의 경우에는 인스타그램 속 사진이 '팻 토크 fat talk' 즉 살이 쪘냐 안 쪘냐, 몸매가 어떠냐에 관한 이야기를 너무 많이 하게 한다는 것도 문제로 꼽혀요. 여학생들이 이상적인 신체형에 도달하기 위해 거식증을 불사하기도 하니까요. 인스타그램은 우리나라뿐만 아니라 전 세계적으로 논란이 되고 있습니다.

코로나19를 겪으면서 우리는 이미 사회적 교류의 부재가 아이들에게 미치는 위험을 경험한 적이 있어요. 디지털 미디어, 소셜 미디어와 관련해서도 비슷한 문제가 생기고 있습니다. 사람을 실제로 만나지 않는 인간관계가 가능할까요? 논란이 많지만 대체로 어렵다는 쪽으로 기울고 있어요.

디지털 미디어는 크게 세 가지를 상실케 합니다. 먼저 놀이를 상실하게 해요. 아이들이 사람과 덜 놀면서 발달에 필요한 여러 가지를 잃을 수 있어요. 조율하는 능력, 함께 조율하는 과정, 사회적 학습 과정이 사라지지요. 또 다들 미디어에서 유명한 사람만 따르면서 각자의 의미 있는 롤 모델이 사라지고 있어요. 큰 문제입니다.

동소희 실제로 학교에도 인스타그램에 지나치게 몰입하는 학생들이 있어요. 온라인 친구에 너무 집착하는 거죠. 그래서 부모님이 못 하게 하면 아이들이 반항하거나 병이 나기도 하고요. 그런 아이들에게 어떻게 접근해야 할지 무척 조심스럽습니다.

김현수 그런 아이들이 우리가 생각하는 것보다 많아요. 물론 그런 어른도 많지만요. 소셜 미디어는 어떻게 이용하든 다 우리 심리를 반영해요. 학교 친구는 없는데 온라인 친구가 많다는 건 학교 친구들과는 관계 맺기가 힘들다는 뜻이죠. 요즘은 남자아이들도 많이 힘들어해요. 우리 반 아이들이 전부 맨유 팬인데 나는 첼시를 좋아한다면, '난 학교에 친구가 하나도 없어.' 이렇게 느끼기 쉽죠. 관계 속에서 자기 의지로 좋아하는 그룹을 만들어서 외로움을 해소하는 게 아주 어렵다 보니 쏠림 현상까지 나타나면서 학급에서 다양성이 유지되기가 어려워지죠. 그럼 근본적으로 아이들은 왜 그렇게 어디에 끼려고 하고, 끼지 못하면 괴로워하는 걸까요? 기저에 있는 기본적인 감각은 뭘까요? 외로움이에요. 진료실에서 보면, 현상적으로는 인스타그램이 문제지만 바탕에 가면 결국 외로움이 문제인 경우가 많아요. 아이들은 왜 '인싸'가 되고 싶을까요? 외롭지 않기 위해서예요. 아이들은 집에서 거의 혼자인데 학교에서도 또 혼자가 되는 것에 엄청난 두려움이 있어요. 그래서 외롭지 않도록 어떤 집단에 끼고 싶은데 그 집단이 내가 좋아하는 것을 같이 좋아해 주면 훨씬 더 좋겠죠. 소속감이 높아지고 자긍심도 생기죠. 이런 집단을 찾으려고 아이들이 집단을 추구하는 활동을 하는데 그게 또 자기 뜻대로 되지 않을 때 인터넷이나 소셜 미디어로 들어가게 되지요. 문제는 그런 데를 찾아서 들어가더라도 그게 현실에서는 별 도움이 안 된다는 거예요. 수업이 끝난 뒤에 조금 위로를 받을 수야 있겠지만 매일매일의 생활에서는 도움이 안 되지요. 그래서 더욱 현실이 싫어지고 온라인 집단으로만 가고 싶어지는데 그게 심해지면 아예 학교를 안 가고 집에서 내가 좋아하는 게임이나 팬클럽에만 들어가려고 하죠. 내가 좋아하는 것과만 관계 맺겠다고 하면서요. 그러면 아이들은 관계 맺는 능력을 점점 잃게 돼요.

다른 나라에서도 이런 문제가 불거지고 있어요. 이것이 사회문제가 되자 영국에서는 현재 관계 기반 교육과정으로 전환하고 있어요. 그 교육과정이 인터넷에 다 올라와 있어요. 영국 교육부 사이트에 다 공개되어 있으니 한번 번역해서 보셔도 좋습니다. 초1부터 고등학생까지 외롭지 않게 관계 맺는 능력을 향상시키기 위해서 어떤 교육을 하는지 알 수 있어요.

미국에서는 그와 비슷한 것으로 사회 정서 학습을 강화하고 있어요. 이건 요즘 한국에서도 많이 유행하고 있지요. 사회 정서 학습이 자기 인지, 자기 관리, 사회 인지, 관계 기술, 책임 있는 의사결정 등 다섯 가지 영역으로 나뉘는데 그중 관계 기술에 관한 수업이나 활동이 무척 많습니다. 이것도 참고해 보시면 좋겠어요.

관계를 맺을 수 있는 능력에 관해 마지막으로 드리고 싶은 말씀이 있습니다. 제가 요즘 상담하는 대학생들을 보면 너무 슬퍼요. 대체로 '초식남' '초식녀'들이에요. 연애하는 아이들은 정말 훌륭한 아이들이에요. 연애 지원금을 주고 싶을 정도로 연애 안 하는 아이들이 참 많아요. 겨울방학 때 여행 간다고 해서 누구랑 가냐고 물어보면 고등학교 동창이랑 간대요. 왜 연애를 안 하냐고 물어보면 차일까 봐 싫대요. 그래서 연애 욕망을 없애려고 하거나, 연애를 배워서 하려고 해요. 그걸 가르쳐 주는 유튜브가 그렇게 많대요. 이제 연애라는 인간관계도 아주 힘든 과제처럼 되었어요. 옛날처럼 몇 번 사귀다 헤어지면서 시도하고 경험하고 모색하고 비판하면서, '다음에 더 잘해야지.' 하면서 터득해 가는 걸 어려워해요. 상처받는 것을 너무나 두려워해요. 안 그래도 인생이 힘든데, 연애에서도 차이면 더 죽고 싶을 것 같대요. 그런데 거기에 또 이율배반이 있어요. 어떤 사람이 너를 마음에 들어 하는데 너는 그 사람이 마음에 안 들면 어떻게 하겠냐 물으니 과감히 차겠대요. 차는 건 할 수 있냐고 물으니 할 수 있대요. 좀 모순이죠? 요즘 세대는 외로움을 느끼면서, 동시에 관계에 대한 큰 어려움 앞에 봉착해 있습니다.

우리 사회가 지금 디지털을 발전시키겠다 하면서 경쟁시키고, 관계에 대해서는 아무도 얘기해 주지 않으니 아이들이 자꾸 병원으로 옵니다. 어제도 정신과 의사 선배와 만났는데 당일에 찾아와 상담하고 싶어 하는 청소년과 청년이 너무 많대요. 당장 예약이 안 된다고 하는데도 온대요. 아이들이 자신을 환자로 생각하는 거잖아요? 지금 아이들의 외로움과 관계 맺기의 어려움이 학교와 지역사회에서 더 많이 다루어져야 한다는 말씀을 꼭 드리고 싶습니다. 이런 어려움을 해소하는 것을 통해서 알고리즘에 '후킹'당하는 불쌍한 아이들을 알고리즘으로부터 해방시켜 줘야 합니다. 그것이 어른의 역할입니다. 인스타그램과 같은 매체에 대해서는 이렇게 말해야 하고요. "아이들한테 그렇게 팔지 말아라!"

인공지능은 리터러시 생태계와 교육을 어떻게 바꿀까?

3

김성우

반갑습니다. 저는 김성우라고 합니다. 오늘은 '인공지능과 리터러시'라는 큰 주제에 대해 말씀드리려고 해요. 사실 '인공지능'과 '리터러시' 하나씩만 놓고 봐도 큰 학문 체계이자 지식장인데, 그걸 두루두루 살필 시간은 부족합니다. 제 역량의 한계도 있고요. 그래서 인공지능이 지금 우리에게 어떤 의미인지, 그것이 리터러시 생태계에 어떤 영향을 주고 있으며 여기에서 교육은 무엇을 고민해야 하는지에 집중해서 말씀드리려고 합니다.

과학소설의 거장이자 '로봇공학의 3원칙'으로 널리 알려진 아이작 아시모프 Isaac Asimov 의 이야기로 열어 보겠습니다. 과학기술에 대해 누구보다 통찰력이 뛰어났던 아시모프는 오래전에 이렇게 말한 바 있어요.

"현재 우리의 삶에서 가장 슬픈 것은 사회가 지혜를 갖추는 것보다 과학이 더 빠르게 지식을 축적하고 있다는 사실이다."

아시모프의 이 말에서 사회를 교육으로 바꿔도 지금의 상황에 적절해 보입니다. 기술의 진화는 가속하고 있는데, 교육은 그러한 속도를 적절히 제어하며 교수·학습에 인공지능 기술을 통합시킬 준비가 되어 있지 않으니까요. 그 어떤 교사도, 학교도, 교육 단체도 "나는 인공지능을 교육에 통합할 만반의 준비가 되어 있어."라고 말하지 못하는 상황이니까요.

2022년 11월 30일을 기억하시나요? 챗GPT가 처음 공개된 날입니다. 그날부터 "이게 진짜 된다고?" "나보다 낫네!" "세상이 순식간에 변할 것 같은데?" 하면서 굉장히 시끄러웠어요. 저 또한 생성형 인공지능의 여파가 단순히 일회성 소동으로 끝나지 않으리라는 것을 직감했고요. 그 후로 인공지능과 리터러시에 관한 논문 작업을 하기 위해 거의 하루도 빠짐없이 관련 뉴스와 문헌을 검토하고 있습니다.

그런데 연구를 업으로 삼고 있는 저조차 인공지능의 발전 속도를 따라갈 수 없더군요. 상당한 시간을 여기에 쏟고 있는 저도 이런데, 본업이 따로 있는 일반 시민들이나 학생들이 이 흐름을 따라갈 수 있을까요? 도저히 따라갈 수 없을 겁니다.

차이는 있겠지만 인공지능 연구자들도 이 거대한 흐름을 온전히 따라잡는 것은 불가능합니다.

그럼 여기에서 반대로 질문해 볼게요. 우리가 꼭 인공지능의 발전을 뒤따라가야 할까요? 인공지능과 관련된 수많은 지식을 꼭 알아야만 할까요? 물론 교육자로서 어느 정도 알 필요는 있을 겁니다. 하지만 그 '어느 정도'를 정하는 건 누구인가요? 누가 그들에게 그런 것을 정할 권리를 주었나요?

인공지능과 관련된 한 가지 흥미로운 경험을 나누고 싶습니다. 어느 날 제 소셜 미디어에 흥미로운 광고가 떴습니다. 영어로 된 광고인데 번역하면 "당신의 글을 좀 더 인간적으로 만들어 보세요."라는 홍보 문구였어요. 제가 리터러시 연구자이다 보니 솔깃했죠. '어떻게 글을 더 인간적으로 만든다는 걸까? 그런 비법이 있다면 배우고 싶은데?'라는 생각도 들었고요. 그래서 클릭해 봤더니 웹사이트에 이런 문구가 있더라고요.

"세계에서 가장 강력한 인공지능 휴머나이저로 인공지능 탐지를 우회하세요."

인공지능이 쓴 글을 인간이 쓴 것처럼 바꿔 주는 앱 광고였이요. 그럼 서 광고 카피는 대체 무슨 말일까요? 일반적으로 인공지능으로 글을 생성해서 과제를 제출하면, 인공지능 판별기는 해당 과제를 인공지능이 만들어 낸 것이라고 판별할 가능성이 높습니다. 인공지능 판별기도 완벽하지는 않지만 어쨌든 판별기에 걸릴 확률이 높다, 그러니 이 앱에 과제물을 입력해서 바뀌어 나온 결과물을 과제로 제출해라, 그러면 사람이 썼다고 판단할 확률이 확 올라간다고 광고하고 있는 거였죠. 인공지능이 만든 글을 인공지능이 바꿔서 인간이 쓴 것처럼 만들어 준다니, 사실상 학문적 정직성 academic integrity 을 완전히 저버리라는 요구였습니다. 비윤리적 행위를 조장하는 광고였던 셈입니다.

저는 이게 흥미로우면서도 위험한 모델이라고 생각해요. 저도 대학에서 강의를 하고 있는데요, 제가 내는 과제를 학생 절반이 '인공지능 휴머나이저'를 돌린 후에 제출하고 있다고 의심하기 시작하면 그 수업이 즐거울까요? 제가 강의에 몰입할 수 있을까요? 그럴 수 없을 것 같습니다. 이것은 단순히 기술의 문제가 아니라 교사와 학생 간의 신뢰 문제이기 때문입니다. 기술이 인간관계를 왜곡하고 신뢰를 완전히 깨 버리는 상황이 되는 거죠.

이런 것들을 고민하면서 전에 『인공지능은 나의 읽기-쓰기를 어떻게 바꿀까』라는 책을 썼는데, 그 책 초반에 인공지능의 유용함과 잠재력에 경탄하기 전에 인공지능이 가진 사회문화적, 정치적 함의에 대해 고려해 보자는 취지의 글을 실었습니다. '인공지능의 시대'라는 말에 이렇게 딴죽을 걸면서요.

"인공지능의 시대라고 합니다. 이 선언에 부응하듯 지난 한 해에만 수백 건의 인공지능 관련서가 쏟아져 나왔습니다. 그런데 마음 한구석이 자꾸만 욱신거립니다. 우리가 언제 '나무의 시대' '이끼의 시대' '돌고래의 시대' '미생물의 시대' '어린이의 시대'를 선언한 적이 있었던가요? 빙하를 살리려고 세계 유수의 기업이 경쟁하고 강·하늘·대지와 함께 살아가는 지혜를 다루는 책이 하루가 멀다 하고 출판되고, 매체는 권리 잃은 이들의 목소리를 매일 앞다투어 전했던 적이 있었던가요? 다양성·공존·형평성과 사회정의를 위해, 그 누구도 차별받거나 배제되지 않는 학교를 위해 사회 전반이 목소리를 높였던 적이 있었던가요?"
(김성우 『인공지능은 나의 읽기-쓰기를 어떻게 바꿀까』, 유유, 2024, 35쪽)

다양성, 공존, 형평성, 사회정의를 위해서, 그 누구도 차별받거나 배제되지 않는 학교를 만들기 위해서 사회 전반이 이토록 목소리를 높인 적이 있었나요? 제 생각엔 없었던 것 같습니다. 과연 지금 인공지능 디지털 교과서 AIDT를 도입하는 게 맞을까요? 여기에 들어가는 수조 원의 돈을 통합 교육이나 학교 증축, 시설 확충과 교사 충원 등에 투입할 수 있다면 수년 안에 교육계의 핵심 이슈들이 상당한 수준으로 해결될 수 있을 겁니다. AIDT에 무조건 반대한다거나 새로운 기술적 흐름을 교육에 통합하는 게 중요하지 않다는 게 아닙니다. 다만 그 어떤 합의나 검증 없이 이렇게까지 서둘러 추진할 필요가 있는가 의문이 들어요. 지금은 인공지능 시대니까 모두가 인공지능을 사용해서 교육해야 한다며 무작정 기술을 따라가기보다는 인공지능을 다양한 정책적 선택 중 하나로 생각하면서 이것과 어떻게 공존할 수 있을 것인가, 이것을 어떻게 비판적으로 수용할 수 있을 것인가, 혹은 멀리할 것인가를 고민하는 게 필요한 시기라고 생각합니다.

저자성, 지적재산권, 표절 윤리

읽고 쓰는 능력인 리터러시에 대해서도 이런 문제의식 속에서 이야기하려고 합니다. 지금은 리터러시의 형태와 의미를 뿌리에서부터 다시 고찰해야 하는 때입니다. 리터러시 생태계 전반이 바뀌고 있죠.

이러한 변화를 가장 잘 보여 주는 영역이 저자성authorship, 즉 누가 저자가 될 자격이 있느냐와 지적재산권입니다. 표절 윤리 역시 새로운 논쟁의 대상이 되고 있죠. 산업구조와 교육 전반이 다변화하면서 인간과 인공지능이 공존하는 사회로 진입하게 될 거예요. 이건 단순히 쓸 만한 도구가 많아졌다는 차원이 아닙니다. 인류사에서 지금껏 없었던 일을 처음으로 겪고 있는 겁니다.

먼저 저자성에 대해 말씀드릴게요. 문자의 역사는 대략 6000년 정도로 잡을 수 있습니다. 글쓰기가 널리 퍼진 것은 근대 이후로 봐야 하고요. 몇 년 전까지만 해도 글을 쓰는 주체는 무조건 사람이었어요. 물론 인터넷에 종종 "판사님, 이 글은 고양이가 썼습니다."라는 유머 글이 올라오긴 하지만, 고양이가 글을 쓸 수는 없죠. (사실 고양이는 글쓰기 말고 잘하는 일이 수없이 많아요!) 저자가 될 수 있는 존재는 인간밖에 없었습니다. 그런데 지금 인공지능 윤리에 대해 논쟁하는 많은 학자와 작가는 인공지능이 저자가 될 수 있는지에 관심을 갖고 있어요. 만약 인공지능이 저자가 될 수 있다고 한다면 사회 전반이 바뀔 수밖에 없습니다. 교육도 예외가 아니고요.

여기서 간단한 설문조사를 한번 해 보겠습니다. 선생님들께서 글쓰기 과제를 내주었는데, 한 학생이 인공지능에 프롬프트(생성형 인공지능에 입력하는 지시 사항이나 질문)를 넣어서 만든 글을 제출했습니다. 알고 보니 간단한 프롬프트를 총 세 번 입력한 글이었고, 결과물은 꽤 괜찮았습니다. 이걸 그 학생이 썼다고 생각하시는 분, 계실까요? 대체로 그 학생이 쓴 글이라고 인정 못 하시는군요. 대부분 이 학생은 과제에 충실했다고 보기 힘들다, 그 학생의 저자성을 인정할 수 없다고 생각하시는 것 같습니다.

그러면 질문을 조금 바꿔 보겠습니다. A라는 학생은 평소처럼 워드프로세서로 30분 동안 과제를 했습니다. B라는 학생은 생성형 인공지능을 사용해 30분 동안 열심히 프롬프팅을 해서 과제를 했어요. 그럼 프롬프팅을 30분 동안 한 학생은 그 글을 쓴 것일까요? 이전 설문에서 학생의 저자성을 인정하지 않았던 분 중에서 B 학생이 과제를 제대로 했다고 생각하시는 분 계실까요? 손을 들어 보세요. 아까보다 확실히 많군요. 이런 경우에는 학생이 수행한 과제로서 충분히 인정해 줄 만하다고 생각하시는 분들이 계시네요. 조건이 달라지니 절반 정도 응답이 달라졌습니다. 여기 계신 분들은 교육에 대해 고민이 많고 지향점이 어느 정도 비슷한 분들임에도 이렇게 의견이 다릅니다.

인공지능을 활용한 글쓰기에서 저자의 기준을 확립한다는 게 그리 간단한 문제는 아닙니다. 글쓰기라는 행위는 단지 머릿속 아이디어를 문자로 변환하는 일이 아니에요. 글의 주제에 대해 다각도로 생각하는 과정이 글쓰기의 핵심이기 때문입니다. 30분 동안 열심히 프롬프팅을 한 학생은 워드프로세서나 필기구를 사용해 글을 쓰는 것처럼 한 단어 한 단어를 기록하지는 않았습니다. 하지만 그 시간 내내 글의 방향에 대해 생각이라는 걸 했죠. 생각은 글쓰기에 있어 결코 간과할 수 없는 요소이고요. 이렇게 보면 사회의 어떤 영역도 저자성의 기준에 대해 쉽게 합의하지 못하리라는 것을 추측할 수 있습니다.

이것은 단지 글에 국한되지 않습니다. 그동안 화가도, 작곡가도, 영화감독도, 건축가와 패션 디자이너도, 단 하나의 예외 없이 모두 인간이었어요. 하지만 이제 인공지능이 이런 활동의 상당 부분을 떠맡을 수 있습니다. 오로지 인간의 독무대였던 창작의 무대에 인공지능이라는 새로운 주체가 불쑥 등장한 겁니다.

저자성의 문제와 깊이 연관되어 있는 저작권의 영역도 간난히 살펴보겠습니다. 2025년 3월 19일자 로이터 통신에 따르면 미국 항소법원은 인공지능이 인간의 개입 없이 완전히 독립적으로 생성한 예술 작품에 대해 저작권을 인정할 수 없다고 판결했습니다. 컴퓨터과학자 스티븐 탈러Stephen Thaler가 자신의 인공지능 시스템이 스스로 만든 이미지에 대해 저작권을 인정해 달라고 했지만, 법원은 이를 거부하며 창작물은 반드시 인간의 창작 행위가 수반되어야 한다고 판단한 겁니다. 저작권의 핵심 요건으로 창작자로서 인간의 개입이 여전히 중요하게 판단되고 있다는 방증이죠. 그러나 이 판결이 인공지능 기반 생성물의 저작권 논란을 종식시켰다고 보기는 힘듭니다. 점점 더 높은 수준의 행위 주체성을 가진 인공지능 시스템이 개발되고 있기 때문입니다.

이런 변화 속에서 근본적인 문제들을 직시해야 합니다. 단순히 기술을 포용하거나 배척하는 것이 아니라 기술이 우리에게 어떤 영향을 미치고 있는지, 우리를 어떤 존재로 변화시켜 가는지를 면밀하게 파악해야 합니다. 생성형 인공지능이 학습자의 몸과 마음에 미칠 영향에 대해 연구하고 치열하게 토론해야 하죠. 우리 교육이 이러한 핵심적인 질문은 외면한 채 남들이 하라니까, 미디어에서 좋다고 하니까 휩쓸려 가고 있는 건 아닐지 고민해야죠. 누가 그런 흐름을 만들고 있는지에 대해서도 관심을 가져야 하고요.

구글 이펙트와
생성형 인공지능의 효과

인공지능의 급격한 확산 속에서 우리가 던져야 할 묵직한 질문들이 있습니다. 첫 번째 질문은 '구글 이펙트'와 관련이 있습니다. 구글 이펙트라는 말을 들어 보셨나요? 2011년 7월 과학 학술지 《사이언스》에 실린, 구글이 기억에 미치는 영향과 인지적 결과를 연구한 논문이 화제와 논란을 불러일으켰죠. 그 논문의 핵심 메시지는 한마디로 '교환적 기억'이라는 것이 만들어지고 있다는 것이었습니다.

아이들은 가끔 "엄마, 책가방 못 봤어?" "아빠, 안경 못 봤어?" "할머니, 내 노트 어디에 있어?"라고 하면서 물건을 찾지요. 자기 물건을 찾는 일인데 어른들에게 '외주'를 줘요. 그런 요청을 받아 줄수록 아이는 찾아 주는 사람에게 더 의존하게 됩니다. 물건을 어디 두었는지는 기억하지 못하고, 그걸 누가 찾아 줄 수 있는지만 기억하는 셈입니다.

저는 전에 직장 생활을 할 때 전화번호를 200개 이상 외우고 다녔는데요, 지금은 절대 그렇게 못합니다. 예전에는 분명 가능했는데도요. 스마트폰이 나오고 스마트폰에 전화번호를 저장해 쓰는 일이 습관으로 굳어지자 전화번호를 외우는 일이 중요하지 않아졌고 그 기능이 퇴화한 거죠. 좀 과장해서 말하면 이제는 제 전화번호도 겨우 기억하는 정도랄까요?

이와 마찬가지로 구글 검색은 은연중에 우리가 정보의 내용을 기억하지 못하게 하고 정보를 어떻게 찾을지만 기억하면 된다고 생각하게 합니다. 이렇듯 머릿속에 정보를 저장하는 대신 찾는 방법만 담아 두는 걸 교환적 기억이라고 합니다. 키워드나 정보를 제공하는 웹사이트의 이름만 기억했다가 '검색해서 찾으면 되지.' 하고 생각하는 거죠. 우리는 이것이 우리에게 어떤 영향을 미칠지 깊고 넓게 토론해 이 기술을 받아들여야 할지 판단하지 못한 채 구글에 익숙해졌고요.

최근 교환적 기억의 악영향과 관련된 이야기를 들은 적이 있어요. 어떤 중학생이 집에 가야 하는데 버스를 잘못 탔어요. 아무 생각 없이 있다가 한참 뒤에 잘못 탄 걸 알았대요. 부랴부랴 버스에서 내렸는데 마침 스마트폰 배터리가 방전되어서 GPS를 못 켰죠. 어떻게 됐을까요? 그 자리에 주저앉아 울었대요. 집에 어떻게 가야 할지 몰라서요. 그러니까 그 학생은 한 번도 네이버나 구글 지도 없이 낯선 곳에서 길을 찾아가 본 적이 없는 거예요. 여행을 가도 항상 스마트폰이 있었는데 그게 없어졌으니 패닉에 빠진 거죠. 그렇게 울고 있으니까 지나가던 사람이 근처 파출소에 데려다주었다고 해요. 다소 극단적인 경우이긴 하지만 이런 사건이 구글의 교환적 기억과 연결되어 있다고 할 수 있어요. 방향감각도, 길을 찾아가는 다양한 방법도 잃은 채 오로지 길을 찾아 주는 앱에만 의존하는 상황이니까요.

'구글 이펙트', 즉 내용은 기억하지 못하고 어떻게 찾느냐만 기억하는 것과, 생성형 인공지능의 효과는 같은 무게를 지니고 있을까요? 우리가 네이버나 구글 검색을 받아들였던 것처럼, 생성형 인공지능으로 인해 벌어지는 변화를 그대로 받아들이면 될까요?

구글 이펙트는 정보에 대한 지식보다 그 정보에 어떻게 접근할 수 있는지가 더욱 중요하다고 인식하는 것이죠. 반면 생성형 인공지능의 효과는, 정보를 수집하고 분류하고 분석하고 재조합하고 변형해서 새로운 지식을 만들어 내는 것보다 '이 일을 해낼 수 있는 인공지능이 뭐지?' '인공지능한테 어떤 프롬프트를 던져 주지?'를 찾는 게 더 중요하다고 생각하게 하는 거예요. 이 둘은 같은 무게일까요? 저는 아니라고 생각합니다. 질적으로 다른 측면이 있고, 이에 대해 우리가 깊게 고민하고 대면해야 해요. 저도 정답을 갖고 있진 않습니다. 우리가 함께 답을 만들어 가야 해요. 저도 학생들을 가르치는 사람으로서, 여기 계신 선생님들이야말로 그 답을 만들어 갈 최적의 자리에 있다고 생각합니다. 지식과 경험을 갖고 있고, 무엇보다 지금 학생들과 함께 있으니까요.

두 번째 핵심 질문은 이것입니다. 만약 인공지능의 성능, 생산성과 효율성이 높아진다면 자동으로 우리 삶과 교육에 긍정적인 변화를 가져올까요? 많은 이가 "뭐 당연한 걸 묻고 그래." 하고 답할지도 모르겠어요. 하지만 현실은 그렇게 단순하지 않죠.

스위스경영대학의 전략적기업예측 및 지속가능성 센터장인 미하엘 게를리히 Michael Gerlich 가 이런 이야기를 했어요.

"만약 개인이 인공지능으로 확보된 인지 자원을 혁신적인 작업에 사용한다면, 그 약속은 유효하다. (…) 그러나 내 연구를 포함한 관련 연구에 따르면 많은 사용자가 인공지능 강화 콘텐츠 큐레이션에 의해 주도되는 수동적 소비에 이러한 자원을 투입한다."

표현이 조금 어려운데, 쉽게 말하면 사람들이 인공지능으로 일을 빠르게 처리한 다음 남는 시간에 '쇼츠'를 본다는 거예요. 어떤 쇼츠를 볼지 우리가 하나하나 판단하진 않지요. 자신의 취향과 시청 기록, 또 어떤 콘텐츠에서 오래 머물렀는지 등을 종합해서 자동으로 보여 주는 거니까요.

이번에는 이런 질문을 던져 볼게요. 학생들이 인공지능을 통해 생산성과 효율성을 높이고 나면 남는 시간을 더 많은 학습과 더 중요한 일에 투입할까요? 제가 학습자를 믿지 못하는 건 아니지만 제가 학생이라도 하기 싫은 숙제를 빨리 인공지능에게 시켜 버린 다음, 남는 시간에 유튜브나 웹툰, 쇼츠를 볼 것 같아요. 선생님이 내준 숙제를 직접 하려면 한 시간이나 걸리는데 인공지능에게 시켰을 때 5분밖에 안 걸린다면 '숙제는 5분만 하고 쇼츠 더 봐야지.' 이렇게 되죠. 예외가 없으리라는 건 아닙니다. 다만 이런 경향을 예상하는 게 그리 무리는 아니라는 이야기죠.

업무 효율화 혹은 과제 수행의 효율화가 비생산적 여가의 가능성을 높일 수 있어요. 온라인에서 많은 시간을 보내길 원하는 학습자라면 공부하는 시간은 최대한 줄이고 노는 시간을 최대한 늘리려고 할 수 있죠. 노는 게 나쁘다는 뜻은 아닙니다. 지금 한국의 교육 상황에서는 더 많은 놀이가 필요해요. 그러나 그 놀이가 오로지 시시각각 '도파민 터지는 느낌'을 찾는 것이라면 교육의 문제는 악화될 수밖에 없습니다.

상황이 이렇다면 인공지능의 효율성을 기준으로 교육적 가치를 평가하는 것은 명백히 잘못된 겁니다. 인공지능이 많은 일을 빠르게 처리한다고 해서 그게 교육적 가치를 자동으로 높이지는 않으니까요. 인공지능이 진정한 교육적 가치를 가지려면 학습할 수 있는 몸과 마음을 키우는 데 기여해야 해요. 과업 처리나 속도, 효율성, 생산성보다는 학습의 본질인 지식과 태도, 관계의 변화를 우선시하는 교육적 관점에서 인공지능을 생각할 필요가 있습니다.

읽기와 쓰기가 뒤집히다

지금 인공지능이 너무나 빠르게 변하고 있어요. 얼마 전엔 중국의 인공지능 모델 '딥시크 Deep seek' 관련 뉴스가 엄청난 화제였죠. 제 소셜 미디어 타임라인도 들썩들썩하더라고요. 인공지능의 '춘추전국시대'로 진입하는 것 아니냐 하는 논평이 잇따랐죠. 이 강의가 책으로 엮일 때쯤이면 또 상당히 많은 모델이 화제가 되고 있을 겁니다. 인공지능의 진화가 우리를 어디로 이끌게 될지 모르지만, 저는 지금 인공지능의 부상이 리터러시 생태계에 네 가지 굵직한 변화를 가져오리라 예상합니다.

첫 번째, 인공지능을 매개로 읽고 쓰는 일의 성격이 서서히 바뀌게 될 겁니다. 처음부터 끝까지 타이핑을 해서 글을 쓰는 일이 줄어들 거고, 주어진 글을 정독하는 비율도 낮아질 거예요. 이건 단순히 개인의 선택이 아닙니다. 소프트웨어 생태계가 바뀌고 있으니까요. 인공지능을 탑재한 운영체제가 등장했고, 구글 독스나 MS워드, 파워포인트와 같은 프로그램에도 인공지능이 장착되기 시작했습니다. 운영체제와 소프트웨어가 인공지능화되면 사용자들은 금세 적응합니다. 학생들도 '자연스럽게' 인공지능에 익숙해지겠죠. 이렇게 환경에 의해 추동되는 변화는, 조금 무기력하게 들릴 수 있지만 저희가 제어하기 힘든 변화라고 생각해요.

제가 좀 더 문제의식을 갖고 있는 것은 두 번째 변화입니다. 바로 '리터러시 실천에 있어서 읽기와 쓰기의 전도 및 실시간 통합'이에요. 저는 대학교 영어교육과에서 강의하고 있고 제 학생들은 그 나름 영어를 잘한다는 자부심이 있습니다. 그런데 요즘 학생들은 영어로 된 자료를 영어 원문으로 읽지 않아요. 모두 그런 건 아니지만 기계번역 서비스를 활용하거나 생성형 인공지능을 사용해서 영어를 한국어로 번역해서 읽는 경우가 많죠. 영어 원문을 읽는 경우는 한국어 번역본이 이해가 되지 않거나 '이거 뭔가 좀 이상한데?' 하는 생각이 들 때뿐입니다. 영어교육과인데도 영어를 안 읽으려고 해요. 기계번역의 품질이 올라가서 신뢰도가 높아졌고, 무엇보다 한국어로 읽으면 편하고 또 이해도가 높아지니까요.

왜 그럴까요? 아까 말씀드렸듯 인공지능을 사용하면 두 시간이 필요한 수업 준비를 한 시간 만에 끝낼 수 있는데, 왜 굳이 두 시간이나 써야 할까 생각하는 거죠. 어차피 수업에서 영어로 토론하는 것도 아니고 그 내용에 대해 한국어로 이야기할 테니, 한국어로 번역된 자료를 읽으면 충분하다고 판단하는 겁니다. 고등학교 때처럼 단어나 문법 시험을 볼 것도 아닌데, 굳이 영어 원문을 힘들여 읽을 필요가 없죠.

외국어 읽기에서의 이런 변화는 한국어로 읽고 쓰는 영역으로까지 번지고 있습니다. 전통적인 과제 수행에서 읽기는 쓰기의 전제였습니다. 그런데 이제는 읽기 과정을 완전히 건너뛰고 인공지능으로 글을 생성하는 것부터 시작해도 결과적으로는 읽기와 쓰기 과제를 수행한 것 같은 결과가 나올 수 있어요. 읽지 않고 쓰기 즉 생성부터 시작하는 것, 저는 이걸 읽기와 쓰기의 전도라고 부릅니다. 둘의 순서가 뒤집히는 거죠.

앞으로 이런 경향이 커질 가능성이 크다고 봐요. 예를 들어 저는 학생들에게 읽기 자료를 읽고 비판적으로 '쪽글' 같은 것을 써 보라는 과제라든가, 동영상 자료와 함께 보고 이것이 한국의 교육에 어떻게 적용될 수 있을지 생각해 보라는 과제를 줍니다. 이런 과제를 하려면 학생들은 글도 읽어야 하고, 영상도 봐야 하죠. 영상을 보지 않거나 글을 읽지 않은 상황에서는 글쓰기 과제를 할 수 없어요. 하지만 이제는 그냥 인공지능 프로그램에 텍스트를 업로드하고 '이걸 이러이러한 내용으로 요약하고 비판해 줘.' 하고 명령하면 그럴듯한 글이 나옵니다.

예전에는 글을 읽어야만 쓸 수 있었다면, 지금은 인공지능으로 글을 생성하고 그 생성된 텍스트를 읽으면서 약간 수정한 다음 과제를 낼 수 있는 시대가 되었습니다. 이것에 능숙해지다 보면 읽기와 쓰기가 점차 분리되지 않을 거예요. 계속해서 인공지능이 만들어 준 글을 읽고, 이후 필요하다면 추가로 문헌을 찾아 요약하고 통합하는 방식으로 과제를 수행할 수 있게 되죠. 이렇게 하면 글쓰기에 두려움을 가졌던 학생들에게 어느 정도 자신감을 줄 수 있다는 장점도 있을 겁니다. 하지만 리터러시 교육에 있어서는 심각하게 우려해야 할 부분이라고 생각합니다. "읽지 않고 쓴다니, 편리하지 않아?"라고만 이야기하기에는 리터러시 교육 자체의 본질을 저버리는 일이 될 수 있거든요. 읽지 않는 읽기 교육, 단어와 문장을 세심히, 의도적으로 고르지 않는 쓰기 교육이 가능할 리 없으니까요.

세 번째 굵직한 변화는 읽고 쓰는 생태계의 속도 변화입니다. 한 시간 걸리던 일을 인공지능으로 5분이나 10분 만에 해

낼 수 있게 되면 사람들은 점점 더 높은 생산성을 요구할 거예요. 최근 인공지능 트렌드 중에 리서치를 대신해 주는 인공지능이 상당히 많이 나와 있어요. 대학원 석사과정 기말 보고서 수준의 문헌 정리는 인공지능이 그럭저럭 해내요. 아직까지 오류를 포함한 논증이나 잘못된 인용 정보 등이 종종 나오지만, 연구자들이 참고할 만한 산출물을 내죠. 이런 상황에서는 연구자들에게 논문을 더 많이 쓰라는 압력이 들어올 가능성이 높아집니다. 그런데 과연 논문을 빨리 써 낸다고 해서 그게 사회적인 의미와 가치를 지닐까요?

저는 그렇게 생각하지 않습니다. 인문 사회 계열에서 과거보다 지금 논문 편수가 굉장히 많아졌어요. 각 논문이 제시하는 참고 문헌 수도 증가했고요. 이것이 연구자들이 훨씬 더 의미 있는 연구를 많이 하고 있다는 증거일까요? 그렇다고 이야기하는 사람은 별로 없어요. 오히려 비판적으로 보는 학자가 많습니다. 오로지 실적을 위한 논문이 많아졌기 때문입니다. 약탈적 학술지와 가짜 논문의 문제도 심각하고요.

여기 계신 분 중에 기술이 발전돼서 삶의 여유가 생기고 저녁이 있는 삶이 보장되고 교사의 업무가 획기적으로 개선되었다고 생각하시는 분 계신가요? (웃음) 아마 없을 겁니다. 기술이 좋아지면 생산성이 높아지고, 그럴수록 일을 더 많이 하라는 압력이 높아지기 일쑤입니다. 인공지능으로 생기부를 쓰는 경우가 늘어나고 있는데, 과거에는 이게 과연 필요한 일인가에 대한 논쟁이 있었어요. 앞으로는 그런 논쟁이 사라질지도 모르겠습니다. 그렇게 오래 걸리지도 않는데 뭐가 불만이냐면서 오히려 다른 일을 더 많이 하라고 할 가능성이 크죠. 이른바 생산성 담론이 부상하는 것입니다.

기술의 전망과 관련해 제본스의 역설Jevons paradox 이란 것이 있어요. 처음 생성형 인공지능 모델이 나왔을 때, 검색에 비해 소요되는 비용이 적게는 수십 배 많게는 수백 배에 달하기 때문에 생성형 인공지능을 쓰지 말자는 움직임이 있었습니다. 초반에는 저도 '이렇게까지 전기를 많이 소모하고 지구의 생태계를 파괴하는데 이걸 우리가 꼭 써야 해?'라는 의문을 품었죠. 하지만 최근 기술을 보면 놀랍게도 단가가 빠르게 떨어지고 있습니다. 생성형 인공지능을 써도 비용이 많이 나오지 않는 시대로 변하고 있는 거죠. 아직까지는 그래도 비용이 많이 들지만요.

문제는 비용이 줄어들면 '내가 쓰는 게 별로 문제가 되지 않는구나.'라고 생각해서 윤리적인 죄책감이 사라진다는 겁니다. 사람들이 인공지능에 대해 갖는 저항감도 줄어들 수밖에 없습니다. 그런데 1인당 비용은 줄어도, 사회 전반적으로는 비용이 늘어납니다. 쓰는 사람이 점차 많아지니까요. 각 개인은 조금씩 비용을 지출하더라도 지구 전체로 보자면 생태계 파괴와 에너지 사용이 훨씬 더 증가하는 겁니다. 이게 바로 제본스의 역설이에요. 개개인의 기술 사용 비용은 떨어지지만 우리 모두가 사용하는 비용은 증가하고, 거기에 들어가는 천연자원은 고갈될 수밖에 없죠.

생성형 인공지능 사용이 얼마나 빠르게 확산되고 있는지 볼까요? 퓨리서치센터가 미국의 13~17세를 대상으로 실시한 설문조사에 따르면, 챗GPT가 나오고 난 이듬해인 2023년에 10대 학생들 중 14퍼센트 정도가 과제를 할 때 챗GPT와 같은 인공지능을 사용한다고 답했습니다. 그런데 2024년에는 26퍼센트로 늘어났습니다. 2025년 후반에는 35~40퍼센트에 육박하지 않을까 예측할 수 있죠. 이제 미국에서는 3분의 1 이상의 학생이 과제를 할 때 챗GPT를 비롯한 다양한 생성형 인공지능을 사용할 거라는 뜻입니다.

우리나라도 이러한 추세를 따를 겁니다. 어떤 학생이 "야, 성우라는 애가 있는데, 걔가 챗GPT 써서 세 시간 걸리는 수행평가를 10분 만에 하고 두 시간 반 넘게 놀았대."라고 하면 입소문이 나기 시작하겠죠. "어떻게 한 거야?"라고 하면서 학생들이 엄청나게 많이 쓰기 시작할 겁니다. 우리 학교 학생들은 아직 괜찮다고 안심하기에는, 인공지능은 꽤 폭발력이 있는 기술이에요.

잠깐 시간을 돌려 가까운 역사를 살펴볼까요? 기계번역을 예로 들어 보겠습니다. 2016년에 구글이 처음 신경망 기계번역을 일반인에게 공개했습니다. 이게 전통적인 확률 기반 모델에 비해 성능이 매우 좋았는데, 학습용으로 쓰기에는 애매한 점이 있었어요. 오역이 심심찮게 나왔죠. 그런데 2018, 2019년을 지나면서 영어 기계번역에 대한 태도가 급격하게 변하기 시작합니다. 이전에는 기계번역을 금지해야 한다, 사용하면 안 된다는 생각을 가진 분이 꽤 많았거든요. 그런데 코로나19 기간이 지나고 여러 영어 선생님께 물어봤더니 완전히 금지해야 한다고 주장하시는 분은 거의 사라졌어요. 대부분 지혜롭게 쓰는 게 중요하다고 말하죠.

왜 그럴까요? 우선 기계번역의 성능이 비약적으로 좋아졌습니다. 중고등학교 수준의 텍스트를 넣었을 때 '헛소리'를 할 확률이 희박해졌어요. 또 결정적으로 이런 기계번역을 사용하는 것이 일상이 된 학생들이 학교에 입학하기 시작했어요. 이걸 아예 못 쓰게 하면 영어 수업 운영 자체가 힘들어졌지요. 번역기를 아예 쓰지 말라는 지시를 받아들이지 못하는 학생이 무척 많아진 겁니다. 스마트폰이나 전자 기기를 아예 금지하는 정책을 취하지 않는다면, 기계번역을 지혜롭게 활용하는 게 맞겠다고 생각하는 사람들도 덩달아 늘어났죠. 타임라인을 제시할 수는 없지만 저는 인공지능의 사용도 이런 궤적을 따를 거라고 예상합니다.

바벨탑과 다리

그러면 학생들은 왜 인공지능을 사용할까요? 다들 안다고 생각하실지 모르지만, 정리하고 넘어갈 필요가 있습니다. 첫 번째는 시간을 절약해 줍니다. 당장 과제를 할 때 시간이 줄어들어요. 그리고 동시에 진행되는 여러 과제를 관리하는 데 도움이 됩니다. 쉽게 말해서 영어 과목은 별로 신경 쓰고 싶지 않다면 영어 과제는 생성형 인공지능으로 해결하고, 그렇게 얻은 시간을 더 신경 써야 할 과제에 쓰는 거죠.

두 번째는 인공지능 생성물을 사람이 구별해 내기 어렵기 때문입니다. 인공지능 생성물인지를 판단하는 판별기도 완벽하지 않아요. 인공지능을 써도 안전하다는 느낌이 드는 거죠.

세 번째는 무료로 쓸 수 있는 도구가 상당히 많아졌습니다. 대표적으로 챗GPT가 무료 버전을 제공하죠. 부모의 허락이 필요하지만요.

네 번째는 학습적으로 바람직한 방향이라 볼 수 있는데, 인공지능을 튜터로, 학습의 이끎이로 삼는 겁니다. 나를 능숙하게 보조할 수 있으니 모르는 게 있을 때, 어디로 가야 할지 모를 때 적절히 활용하는 거죠.

다섯 번째 이유는 인간의 기본적인 속성과 관련이 있습니다. 사람은 대부분 인지적 게으름뱅이 cognitive miser 입니다. 미국 심리학회에 따르면 인지적 게으름뱅이란 "빠르고 적당한 문제 해결책을 찾는 사람, 다시 말해 느리고 신중한 해결책을 찾지 않는 사람"입니다. "원칙적으로 사람들은 판단을 내리고 추론을 할 때 정신적 지름길 mental shortcuts 을 사용하는 경향이 있다."라는 것이죠. 특정한 일을 하는 데 어려운 길과 쉬운 길이 있다면 일부러 어려운 길을 택할 사람은 없다는 뜻입니다. 인공지능이 관여되는 경우 이런 경향은 더 커지게 되죠. 복잡한 정보를 직접 찾고 분석하는 대신 인공지능에게 요약이나 결론을 제공해 달라고 요청하는 겁니다. 나아가 주어진 정보의 맥락과 깊이를 비판적이고 면밀하게 분석하고 이해하기보다는 인공지능이 제공하는 간편한 답변을, 요약과 정리를 받아들입니다.

학생들도 예외는 아닙니다. '이거 말고 더 좋은 게 있을까?' '내가 고려해야 할 다른 요인들이 있을까?'라는 생각을 가지고 정보를 하나하나 찾아보고, 확인하고, 이해하고, 소화하려 들지 않을 가능성이 큽니다. 조금의 실수라도 있어서는 안 되는 중요한 일이라면 시간과 노력을 충분히 투여하겠지요. 그런데 편하고 쉽게 갈 수 있는 길이 딱 보인다면, 다른 걸 신경 쓸 여유가 없다면, 공부에 그다지 큰 가치를 두지 않는다면 그냥 그 길을 택하는 겁니다. 이것이 학생 개개인의 잘못일까요? 물론 작정하고 교사를 속이려는 학생이 없지는 않겠죠. 하지만 이 모든 문제를 학생 개개인의 잘못으로 돌리는 것은 결코 교육적이지 않습니다. 교사라면 학생을 비난하는 쉬운 길을 택해서는 안 된다고 생각해요.

인공지능을 과제에 활용하는 학생들도 저마다 이유가 있습니다. 과제 수행에 대한 동기가 부족할 수도 있고, 과제를 하는 시간을 아끼고 싶을 수도 있죠. 점점 강도가 높아지는 능력주의 경쟁 속에서 최선의 결과를 얻기 위해서는 인공지능을 활용하는 게 당연하다고 생각하는 학생들도 있을 겁니다.

게다가 한국에서는 학문적 정직성에 대한 교육이 제대로 이루어지지 않고 있습니다. 무엇보다 공을 들여 과제를 하는 게 어떤 의미와 가치가 있는지를 깨닫기 힘들어요. 제가 영어교육과에 있다 보니 중고생들을 만나면 "인공지능이 다 해 주는데 영어를 왜 배워야 하나요?"라는 질문을 많이 받아요. 기계번역이 좋아지면서 기계가 번역을 다 해 주는데 내가 이걸 왜 직접 번역해야 하느냐 하는 의문을 가져요. 한편으로 어떤 학생들은 새로운 기술이 나오면 호기심이 발동해서 '한번 써 봐야지.'라고 생각하죠. 그리고 그걸 사용하다 보면 스스로 어느 정도 역량이 생긴다고 느끼기도 해요. 기술을 활용하는 역량만 키우면 뭐든 해낼 수 있는 세계가 되었다고 확신하기도 하고요. 이런 감정을 아예 무시하는 것도 옳지 않습니다. 그것도 분명히 좋은 쪽으로 발전시킬 수 있는 욕망이니까요.

저는 좀 더 근본적인 문제를 봐야 한다고 생각합니다. 한국 사회에서는 사회적으로 또 직업적으로 유용한 지식과 기술을 습득해서 경쟁력을 확보하는 것이 곧 교육을 받는 궁극적인 목적이라고 여기는 경향이 있습니다. 과연 학생들이 타인과 자신에 대해 이해하고 좋은 시민이 되어서 더 좋은 삶과 사회를 만들기 위해 교육을 받는다고 생각할까요? 그런 학생들도 분명 있어요. 하지만 "학교를 왜 다녀?"라고 물으면, 대체로 "좋은 직장에 들어가고 나중에 경쟁력을 키우기 위해서요. 학교 가는 게 즐거운 건 아니지만 가야 할 것 같아요."라는 대답이 돌아오기 일쑤죠. 교육의 목표를 이렇게 설정한 상황에서는 생성형 인공지능 기술이 가진 능력이 마냥 매력적일 수밖에 없을 겁니다.

제가 리터러시를 설명할 때 자주 사용하는 두 가지 메타포가 있는데요, 인공지능을 바라보는 관점에도 적용될 수 있을 거예요. 하나는 바벨탑입니다. 즉 내 역량과 경쟁력을 키우기 위해, 사회적 위계에서 더 높은 쪽으로 올라갈 능력을 키우기 위해 인공지능을 배우고 써먹는다는 거죠. 바벨탑으로서의 인공지능은 사회적이고 공동체적이고 교육적인 가치보다는, 더 많은 지식 축적과 수직적이고 유기적인 성장을 독려합니다. 이런 방식으로 인공지능을 이해한다면, 인공지능은 철저히 개개인의 '스펙'과 역량을 위한 도구가 되지요. 다른 이들은 뒤처지더라도 자신은 앞서 나가겠다는 생각이 '바벨탑으로서의 인공지능'에 담겨 있는 겁니다.

반면에 다리로서의 인공지능이라는 메타포도 가능하지 않을까 생각합니다. 바벨탑이 수직적이라면 다리는 수평적인 메타포죠. 나와 타인을 이어 주고, 나와 자연을 이어 주고, 내가 모르는 교과와 나를 이어 주는, 그리하여 인간과 비인간을 포함한 우리 모두를 이어 주며 더 나은 삶과 행성을 꿈꾸게 하는 인공지능을 생각할 수 있어요. 이런 관점에서 바라본 인공지능은 상호 이해와 협력의 가능성을 제시합니다. 인공지능을 통해 더 나은 교육과 사회를 만들어 가야 한다는 가치 지향적 태도를 중심에 두는 것이죠. 이때 교사는 단순히 인공지능 활용법을 가르치는 것을 넘어서 학습자들이 인공지능이라는 새로운 기술을 통해 지식의 경계를 확장하고 재구성하며 새로운 관계망을 형성하는 여정에 함께하는 동반자가 됩니다.

개인의 역량이 과연 어떤 식으로 쓰여야 좋을까, 인공지능으로 어떻게 더 좋은 삶과 더 나은 사회를 만들 수 있을까를 먼저 고민하고 다양한 상상을 풀어낼 수 있는 존재가 바로 교사라고 생각해요. 비판적 사고, 정보의 정확성과 타당성을 인식하는 법, 다양성과 형평성, 포용성, 새로운 존재와의 협업이 여는 경험의 새로운 지평 등을 염두에 두고 인공지능을 다룰 수 있을 겁니다.

학습자에게 일어나는 변화

이야기를 조금 좁혀 볼까요? 학습자에게 생성형 인공지능은 어떤 변화를 가져올까요?

첫 번째로, 이제는 생성형 인공지능을 검색 엔진처럼 사용하게 될 겁니다. 한국언론진흥재단이 2020년에 진행한 연구에 따르면, 네이버나 구글 같은 텍스트를 검색하는 엔

진보다 유튜브가 학생들에게 더 널리 쓰이게 된 시기가 2019~2020년 즈음이라고 해요. 그 전까지는 네이버 검색이나 지식인 같은 서비스를 좀 더 많이 사용했는데 이때부터는 학생들이 모르는 게 생기면 유튜브로 직행하는 일이 더 많아졌다는 거죠. 유튜브가 10대 청소년이 가장 많이 이용하는 검색 엔진으로 등극한 겁니다. 초등학생의 경우는 50퍼센트, 즉 절반이 유튜브를 찾았습니다. 지금은 이보다 훨씬 많아졌고요. 이게 무엇을 의미할까요? 단순히 미디어가 달라진 것이 아닙니다. 세계를 구성하는 방식 자체가 달라졌어요.

학습자를 구성하는 세계의 재료 자체도 변화하고 있습니다. 제가 어렸을 때는 참고서나 전과 같은 것으로 공부를 했어요. 이런 것들과 동영상은 인지 과정이 굉장히 달라요. 학습자가 머릿속에서 하는 일 자체가 달라진다는 거죠. 텍스트를 제대로 소화하려면 적극적이고 능동적인 관여가 필요한 반면, 동영상은 쉽게 알려 주긴 하나 수동적으로 받아들이게 하죠. 영상을 본다고 해서 무조건 무비판적이고 성찰하지 않게 되는 건 아닙니다만, 이 두 매체를 소비할 때 인지적 경향성의 차이가 생긴다는 걸 부인할 수는 없죠.

미국 디지털교육위원회가 조사한 바에 따르면 미국 대학생의 약 70퍼센트가 인공지능을 검색 엔진으로 사용한다고 해요. 33퍼센트는 문서 요약용으로, 24퍼센트 정도는 초안 작성용으로 이용하고 있어요. 월튼가족재단의 의뢰로 이루어진 다른 조사에 따르면 챗GPT를 매일 사용하는 학부생이 49퍼센트에 달한다고 합니다. 그중 60퍼센트 이상이 시험이나 퀴즈를 준비하는 데에 쓰고요.

　책, 소셜 미디어, 유튜브를 지나 이제는 생성형 인공지능이 등장하면서 미디어 지형이 또다시 급격하게 변동하고 있습니다. 이에 더해 미디어 간의 변환이 용이해졌어요. 옛날에는 텍스트는 텍스트로만 옮길 수 있었는데 이제는 텍스트를 다이어그램으로 바꾸거나, 같은 텍스트 중에서도 소설을 웹소설 스타일로 바꾸는 등 형식과 스타일을 바꾸는 것이 가능해졌죠. 많은 분이 "책이냐, 유튜브냐?"와 같은 질문을 던지시는데, 미디어 지형을 보면 이보다 훨씬 복잡한 문제들이 계속해서 제기되리라는 점을 예상할 수 있어요.

　또 하나 중요한 점이 있는데, 콘텐츠를 큐레이션하는 알고리즘이 부상한다는 겁니다. 지금의 인터넷, 특히 유튜브와 소셜미디어는 알고리즘이 지배하고 있다고 해도 과언이 아닙니다. 전통적인 매체 즉 전과나 종이 신문 같은 것들은 개별화되지 않습니다. 제가 종이 신문을 받아 본다고 해 보죠. 그 신문은 모든 사람에게 똑같은 내용, 똑같은 구조로 전달됩니다. 독자가 기사를 골라 읽을 수는 있어도 신문의 내용과 구조 자체가 변화하진 않아요. 그런데 유튜브의 경우 제가 쓰는 유튜브와 제가 가르치는 학생이 보는 유튜브는 사실상 완벽하게 다른 플랫폼이에요. 사람마다 다른 콘텐츠를 보게 된다는 거죠.

혹시 유튜브 알고리즘 끄고 쓰는 분 계신가요? 저는 끄고 씁니다. 알고리즘을 켜 두면 보여 주는 게 너무 많은데 필요 없는 걸 자꾸 보게 되어서 오래전부터 꺼 두었어요. 그래서 저는 유튜브에 들어가면 아무것도 안 뜹니다. 중고생들에게 물어보니 저처럼 알고리즘을 끄고 쓰는 경우가 거의 없어요. 알고리즘을 끌 수 있다는 것 자체를 모르는 학생도 많습니다. 우리는 같은 유튜브를 쓰는 것 같지만 사실은 서로 완전히 다른 세계에 있는 겁니다.

전에 황당한 경험을 한 적이 있어요. 택시를 탔는데, 기사님께서 저한테 대뜸 "그거 아세요?"라고 하시더라고요. 제가 "그거요? 뭐요?"라고 되물었더니 "북한군 월급이 다 우리나라 국민이 내는 세금에서 나가요."라고 하시더군요. 말도 안 되죠. 제가 그렇지 않다고 말씀드렸더니 저더러 "젊은 사람이 세상 돌아가는 걸 하나도 모른다."라며 되레 호통을 치시더군요. 제가 기사님께 대체 그런 걸 어디서 보셨냐고 물었더니,

유튜브를 보면 다 나온다는 겁니다. 저는 그때 망치로 머리를 한 대 꽝 맞은 기분이었어요. '이게 바로 완전히 다른 세계에 산다는 의미구나. 저분이 사는 세계와 내가 사는 세계는 아예 다르구나.' 하고 느꼈죠.

편리함도 분명히 중요하고, 개인별 맞춤 학습 역시 그 나름의 장점이 있지만 모든 사람이 각자에게만 맞는 세계를 경험하는 게 과연 교육적으로, 사회적으로 좋은 것일까요? 이건 아주 중요한 문제예요. 인공지능 알고리즘의 위력이 그 어느 때보다 강해지는 지금, 시민들이 이 문제에 대해 진지하게 토론하며 머리를 맞대야 할 겁니다.

여기서 한 가지 짚고 넘어가야 할 문제가 있습니다. 인공지능의 '환각 hallucination'이라는 말 들어 보셨나요? 사실이나 증거에 기반하지 않은 인공지능 챗봇의 '자신 있는' 진술이라는 뜻입니다. 2022년에 챗GPT가 등장했을 때 널리 알려진 환각이 있었습니다. 이름부터 심상치 않은 '세종대왕 맥북 던짐 사건'인데요, 챗GPT에게 "세종대왕이 집현전 학자들에게 맥북프로를 던진 사건에 대해 설명해 줘."라고 했더니 "그런 사건은 존재하지 않습니다. 말도 안 되는 소리 하지 마세요."라고 대답한 게 아니라 그 질문에 맞게 '세종대왕'과 '맥북 던짐'이라는 소재를 버무려서 가상의 스토리를 만들어 냈어요.

마치 실제 있었던 일처럼 말이죠. 이런 걸 환각이라고 합니다. 지금은 이런 환각이 많이 없어졌지만, 환각은 딥러닝 모델의 기본적인 특성입니다. 딥러닝 모델의 설계 자체가 완전히 바뀌지 않는 이상 환각은 사라지지 않아요. 환각은 다소 긴 텍스트 번역이나 참고 문헌 추천 등에서 심심찮게 나타나는데, 심지어 전사 즉, 음성을 받아쓰기하는 과정에서도 보고된 바가 있습니다.

그런데 학생들이 인공지능을 검색 엔진으로 더 많이 사용하게 되면서 인공지능의 답변을 '객관적인 진실'로 믿어 버릴 우려가 있어요. 웹에 있는 정보를 활용해 답을 한 것이니 그냥 지어내는 것보다 훨씬 정확도가 높다고 생각하는 거죠. 그런데 검색을 통해 만들어진 답변이라 하더라도 객관성을 담보할 수 없을뿐더러 아예 틀린 정보가 들어 있을 가능성이 있어요. 쉽게 말해 학생들은 챗GPT를 마치 백과사전처럼 생각하지만, 부정확하고 편향된 정보를 담은 답변은 언제든지 나올 수 있는 거죠. 이런 이야기를 해도 학생들은 '틀린 게 좀 있으면 뭐 어때? 사람은 안 틀리나?' 하고 생각할 수 있고요.

그런데 선생님들 중에 '오늘 내가 100가지 이야기를 할 건데 그중 한두 가지는 틀려도 돼.'라고 생각하시면서 수업하시는 분 계세요? 안 계실 겁니다. 저도 그렇고요. 그런 마음가짐으로 가르치는 교사는 없어요. 최대한 정확한 정보에 기반해 가르치려고 하지 '100개 중에 두어 개 정도 틀리는 거 오케이. 인간은 실수를 저지르는 법이지.'라고 생각하지는 않거든요. 그런데 이런 오류가 있는 도구로 학습이 이루어지는 상황이 전개되고 있어요. 일부 학생은 '인터넷에 있는 정보를 싹 다 공부했으니 인공지능이 교사보다 훨씬 똑똑하겠지.'라고 생각하기도 하고요.

학습자에게 일어나는 두 번째 변화로, 스스로 정리하고 요약하고 단상을 적는 행위가 줄어드는 것을 꼽을 수 있습니다. 리터러시를 키우는 데에서 중요한 것이 정리와 요약하기, 내 의견이나 단상을 적어 보거나 모르는 단어가 있으면 찾아서 메모하는 것이죠. 그런데 이제는 인공지능에게 이러한 일을 시킬 수 있어요. "이걸 정리해 줘." "요약해 줘." "모르는 단어를 찾아서 표로 만들어 줘." 하면 다 해 주죠. 편리하긴 합니다.

하지만 인공지능이 뭔가를 대신해 줄 수 있다고 해서 자신이 그 능력을 습득하게 되는 건 아니에요. 다시 말해 어떤 일을 지시할 수 있는 능력이 있다고 해서 그걸 할 수 있는 능력을 갖게 되지는 않는다는 겁니다. 하지만 많은 학생이 그냥 '시키면 되지 뭐.' 하고 생각해요. 이게 반복되면 사람이 직접 하는 것과 인공지능이 하는 것, 또는 사람이 할 수 있는 것과 인공지능이 할 수 있는 것 사이의 경계가 점차 희미해져요. 이런 상황에서는 직접 정리하고 요약하고 의견을 기록하는 행위는 줄어들 수밖에 없겠죠. '구글 이펙트'와 비슷한, '생성형 인공지능 이펙트'가 심화될 수밖에 없습니다. '할 줄은 모르지만 시키는 법은 알아!'라는 생각이 자연스러워지고요.

이것을 이렇게 이야기할 수도 있겠죠? 지식의 양과 폭은 분명히 증가하는데 체화되지는 않는다고요. 지식이 그냥 나를 스쳐 지나가는 겁니다. '챗GPT한테 대충 이런 프롬프트만 입력하면 돼.'라는 것만 기억하니까요. 영상을 수동적으로 소비하는 경향이 결합하면서, 앞으로는 텍스트와 깊게 상호작용하는 것 자체가 점점 어려워질 것으로 예상됩니다. 전통적인 의미에서 아직까지는 지식을 받아들이고 소화하고 만들어 낼 때 가장 중요한 것이 텍스트를 꼼꼼히 읽어 내는 것인데도 말이지요. 중장기적으로 정리와 요약, 암기의 중요성이 줄어들 가능성은 분명 있어요. 하지만 지금 우리 사회의 교육 생태계와 시험제도하에서 손수 내용을 정리하고 핵심을 추려 내며 지식을 체화하는 일은 매우 중요합니다.

세 번째는, 중장기적으로 인공지능 에이전트의 활용이 증가할 것입니다. 인공지능 에이전트는 사전에 결정된 목표를 달성하기 위해 필요한 작업을 스스로 결정해서 수행할 수 있는 프로그램을 말해요. 예를 들어 제가 구글 스콜라로 주제를 검색해서 처음에 나오는 논문 30개를 정리한 뒤 초록과 요약문을 만들고 최근 연구 변화를 코멘트하고 싶어요. 이때 이 명령을 에이전트에게 주면 대신 다 수행해 줍니다. 저한테는 에이전트가 30개의 논문 초록을 요약한 결과물이 들어와요. 이게 가능해졌어요. 지금도 오픈 AI에서 딥리서치라는 것을 냈고, 구글 제미나이에도 이런 기능이 있습니다. 지금은 래그^{lag}가 걸리기도 하고, 중간에 엉뚱한 짓도 하지만 몇 해 안에 상당한 수준으로 발전할 겁니다. 논문 쓰기와 같이 복잡한 과업이라면 에이전트 사용 역량에 따라서 결과물에 차이가 좀 있겠지만, 간단한 과업은 두어 줄의 프롬프트로 해결할 수 있는 때가 머지않았습니다. 인공지능 에이전트의 부상이 교육에 미칠 영향에 대해 고민해야 할 때입니다.

결과보다 과정

그렇다면 이런 상황에서 수업 방식은 어떻게 변화해야 할까요? 수업을 바꾸기 위해 우리가 먼저 고민해야 할 사항들 혹은 수업의 원칙은 무엇일까요? 저도 선생님들만큼 고민이 됩니다. 대학에서도 이전과 같이 텍스트를 깊게 읽고 토론하는 교육이 점점 힘들어지고 있거든요. 저는 이 질문에 대해서 10가지의 준거점을 제시해 보고자 합니다.

첫 번째로 '과정성'을 새롭게 조명할 필요가 있다고 봅니다. 우리는 생산성이라는 단어에 더 익숙하죠. 하지만 그보다 과정이 얼마나 튼실한지, 얼마나 의미가 있는지, 과정이 학생들의 삶에 얼마나 영향을 미칠 수 있는지를 더 볼 필요가 있어요. 인공지능을 통해서 혹은 인공지능과의 협업을 통해서 어떤 과업을 수행할 때, 학습자들에게서 과정을 지우는 결과가 되지는 않는지 질문해야 합니다. 인공지능을 사용하면 편리하고 효율적이죠. 그런데 효율적이고 생산성이 높아진다고 해서 기존의 과업이 제공했던 경험이 사라지는 것이 교육적으로 바람직한가를 늘 물어야 해요.

지금 시대에 영어나 일본어, 중국어 같은 외국어를 번역하는 능력이 여전히 중요하다고 생각하시나요? 저는 그렇다는 입장입니다. 엉뚱한 질문을 한번 던져 볼게요. 번역기는 번역하나요? 말이 안 되는 질문 같지만 번역을 학습하는 인간의 관점에서 보면 번역기는 번역을 하지 않아요. 사람은 번역을 할 때, 단순히 알고리즘을 적용해서 언어를 바꾸는 게 아니라 '어떤 문법을 써야 하지? 어떤 어휘를 동원하고 어떤 비유를 들어야 하지? 마침표는 어디에 찍고, 쉼표는 어디에 쓰지? 이걸 그대로 번역하는 게 나을까, 아니면 한국 문화를 고려해서 의역하는 게 나을까?'와 같은 것들을 고민합니다. 인지적이고 정서적인 노동을 동반하죠. 번역을 할 때 단순히 뇌에서 에너지를 소모하기만 하는 게 아니라 번역 노동을 통해 무언가를 몸에 쌓는다는 뜻이에요. 번역가들은 이 과정을 오래 거치면서 필요한 지식과 메타 인지, 다양한 번역 전략을 체화하고 어느 정도 자동화합니다. 처음 번역을 하는 사람은 간단한 문구부터 고민하겠지만 능숙해지면 달라요. 인풋 문장이 들어가서 아웃풋 문장이 나온다는 결과는 기계번역이 인간의 번역과 동일해 보이지만, 번역을 직접 했으면 경험했을 모든 것이 사라지는 겁니다.

글쓰기도 마찬가지입니다. 글을 쓰는 과정에서 인간이 배우는 게 있어요. 글의 소재를 모으고, 방향을 정하고, 대략의 개요를 세우고, 여러 차례 고쳐 쓰고, 최종 점검을 하는 과정에서 텍스트와 깊은 대화를 나누게 되지요. 때로는 분투하고 실문하면서 자신의 부족함을 깨닫기도 하고, 글쓰기를 체계적이며 비판적으로 인식하기도 해요. '할 수 있다고 생각했는데, 막상 직접 글로 써 보려고 하니 아무것도 모르고 있다는 걸 깨달았어.'라면서 자신의 생각에 대한 생각 즉, 메타 인지를 성장시킬 수도 있죠. 인공지능을 활발히 사용할 때 이러한 성찰과 메타 인지 과정을 삭제하는 결과를 낳는 것은 아닌지 고민해 보아야 합니다.

이런 배경에서 질문을 해 볼게요. 인간의 창작물과 인공지능의 창작물을 비교한 다음, 후자가 더 낫다는 평가가 나오면 인간의 창작 과정을 과감히 없애고 인공지능을 쓰는 게 맞을까요? 교육을 충분히 받은 성인들에게는 그렇게 하는 것이 맞을 수도 있어요. 하지만 교육 상황에는 전혀 맞지 않는 주장입니다. 학습자와 전문가는 다르기 때문입니다. 인간의 발달은 평생 일어나는 것이기 때문에 끝이 없기는 하나, 고등교육까지 받으면서 발달을 어느 정도 마친 사람이 스스로 판단해서 인공지능을 사용하는 것과, 그 발달 과정을 아직 한창 겪고 있는 학습자가 인공지능을 쓰는 것은 전혀 다른 문제입니다. 전문가가 인공지능을 사용한다고 해서 학습자 또한 같은 방식으로 사용해야 된다고 이야기하는 것은 자칫 기본기를 익히고 더 탄탄한 발달을 추구할 기회를 통째로 박탈하는 꼴이 될 수도 있어요. 전문가는 이미 필요한 역량을 자기 몸에 채웠지만 학습자는 그렇지 않거든요. 명심해야 할 것은 우리가 가르치려는 것은 생각하고, 탐색하고, 정리하고, 소통하고, 성찰하고, 서로 협력하는 과정이라는 점이에요. 최종 산출물은 이 모든 과정의 자연스러운 '부산물'로 나와야 하는 거고요.

좀 다른 이야기를 해 볼게요. 젊은 세대라고 해서 다 생성형 인공지능을 잘 쓸까요? 절대 아닙니다. 일반적으로도 그렇지만 특정한 전문 영역에서는 전문가가 더 잘 쓸 수밖에 없죠. 예를 들어 학술 논문을 생성형 인공지능으로 쓸 때, 대학생들보다 제가 훨씬 더 잘 씁니다. 저는 학술 논문에 대한 지식이 있고 직접 써 본 경험이 있기 때문에 어떤 프롬프트를 어떻게 입력해야 하는지 정확히 알고 있으니까요. 학생들이 인공지능을 사용한다고 해서 저만큼 질문을 잘 던질 수 있을까요? 아니겠죠. 이런 차이가 생기는 이유는 제가 수십 년간 학술 문헌을 읽고 써 오며 쌓은 지식과 경험 때문입니다. 그렇기에 "전문가들도 생성형 인공지능을 쓰니까 너희도 이제 논문 쓰는 법이나 리뷰하는 법을 배울 필요 없어. 그냥 생성형 인공지능 쓰면 돼."라고 말하는 건 매우 안일한 태도가 됩니다.

전문가는 전문 지식과 함께 여러 시행착오와 다양한 경험을 이미 가지고 있기 때문에 인공지능을 쓸 때도 이런 '암묵적 지식'을 자유자재로 동원할 수 있습니다. 하지만 학습자는 다양한 영역에서 적극적으로 발달을 도모해야 하는 존재예요. 배우는 것 자체가 목표이고, 아직 경험해야 할 것도 많은 사람이죠. 수동적으로 질문을 던지는 프롬프팅에서 벗어나

능동적인 분석가가 되기 위해서라도 결과를 도출하는 데 필요한 기본 지식, 절차적 지식, 다양한 학습 전략, 자기 조절 역량, 협력의 기예 등을 체화할 필요가 있습니다. 모든 것을 인공지능에게 맡길 수도 없고, 그래서도 안 된다는 겁니다.

이런 측면을 고려할 때 '프롬프팅을 잘하는 능력이 가장 중요하다'라든가 '좋은 질문을 던지면 뭐든지 답해 준다'라든가 하는 말을 깊이 또 비판적으로 살펴봐야 한다고 생각해요. 다음 그림을 한번 볼까요?

프롬프트 엔지니어링 개념도

많은 사람이 '프롬프트 엔지니어링'의 중요성을 말합니다. 저 또한 적절한 방법으로 인공지능과 상호작용하는 역량이 중요하다고 생각합니다. 다만 그러한 능력은 프롬프트 작성 요령 몇 가지만을 익혀서 키울 수 있는 것이 아님을 강조하고 싶어요.

예를 들어 봅시다. 한 학생이 잘 구조화된 프롬프트를 넣어서 좋은 답변이 생성되었어요. 다음 단계는 학생이 해당 답변을 읽어 내는 일일 거예요. 그런데 '기본 문해력'이 부족해서 답변을 충분히 이해하지 못한다면 그다음 단계의 프롬프팅은 온전히 이루어질 수 없습니다. 적절하면서도 의미 있는 생성을 위해서는 읽기 능력이 바탕이 되어야 해요.

아울러 그러한 읽기가 그저 내용을 충실히 따라가는 거라면 인공지능과의 협업으로 해낼 수 있는 일의 한계가 명확합니다. 인공지능이 점점 정교한 답을 내놓고 있지만, 사회·문화적으로 편향된 관점과 환각이 종종 발견되기도 하거든요. 설사 인공지능이 정확한 답변을 내놓았다고 하더라도, 그것을 학생의 관점에서 이해하고 꼼꼼하게 검토하는 일은 반드시 필요하죠. 자료의 정보를 있는 그대로 받아들이는 것이 아니라 그것이 자신과 사회에 어떤 의미가 있는지 살펴야 해요. 이것이 비판적 읽기의 기초입니다. 그림 속의 'AI 응답을 분석적·비판적으로 검토'라는 항목이 이걸 뜻합니다.

마지막으로, 프롬프트는 역동적으로 써내야 하는 언어입니다. 인공지능이 생성한 답변 이후에 또 다른 프롬프트를 어떻게 넣을지를 미리 모두 정해 놓을 수는 없거든요. 인공지능과의 상호작용 속에서 적절한 프롬프트를 그때그때 만들어야 하죠. 이런 예측할 수 없는 상황에 어떻게 대처할 수 있을까요? '특정 분야의 지식과 경험'을 넓히고 이를 체화해야 합니다. 몸에 새겨진 지식과 경험이 있어야만 그때그때 적절한 프롬프트를 작성할 수 있습니다.

그렇기에 저는 프롬프트 엔지니어링에 쏠린 과도한 관심을 걷어 내고, 학습자의 리터러시 역량을 근본적으로 신장할 수 있는 방안에 집중해야 한다고 생각합니다. 인공지능으로 무작정 달려가는 것이 아니라 교육의 기초를 찬찬히 살피자는 이야기죠. 과학 분야에서 인공지능과 상호작용하고자 한다면, 그 분야의 지식을 쌓고, 그와 관련된 다양한 체험을 하는 일이 수반되어야 합니다. 지식과 경험의 축적이 없는 프롬프트는 팥 없는 찐빵, 요란하기만 한 빈 수레가 될 수 있습니다. 앞의 그림이 보여 주는 것처럼 프롬프트 엔지니어링은 인공지능 활용 교육의 지극히 작은 부분일 뿐이라는 걸 잊지 말아야 합니다.

두 번째로, 이런 점을 염두에 둔다면 즉 인간이 인공지능으로 과업을 수행할 때 사라지는 것들이 여전히 중요하다고 판단한다면 학습자에게 가치 있는 경험을 돌려줄 수 있어요. 앞서 언급한 기계번역의 예를 들어 볼게요. 저는 기계번역으로 소거되는 과정을 복원하기 위해 학생들에게 '알아차림 노트'를 쓰라고 합니다. 학생들에게 "한국어로 문장을 넣어 봐. 그리고 파파고에서 나온 영문을 '복붙'해서 넣어 봐. 맨 끝에 알아차림 노트가 있는데 여기에 그 두 문장을 비교해서 너희들이 알아차린 것을 뭐든 좋으니 최대한 많이 써 봐. 새롭게 배운 어휘가 있는지, 인공지능이 사용한 문법 구조는 원래 익숙한 거였는지, 내가 쓴 부분에는 명확히 표현되어 있지 않은 주어가 있지는 않은지 등등 뭐든 좋아."라고 하는 거죠. 기계번역 자체를 막을 수 없다면, 기계번역에서 완전히 삭제되어 버리는 과정을 어떻게 재건할 수 있을지, 이를 통해 학생들에게 어떤 경험을 되돌려줄지를 고민해야 합니다.

　이 같은 접근을 글쓰기에 적용해 볼게요. 예를 들어 아이디어는 많지만 논리적인 문장을 써내는 일을 무척 힘들어하는 학생이 있다고 해 봅시다. 학생은 직접 브레인스토밍을 하고, 교사와 친구들의 도움을 받아 개요 작성까지 끝냅니다. 이후 개요를 인공지능 챗봇에 주고 글을 생성하도록 합니다. 이후

'자신의 아이디어가 에세이로 변신하는 과정 추적하기' 활동을 해 볼 수 있습니다. '인풋' 난에는 자신이 작성한 아웃라인을, '아웃풋' 난에는 인공지능이 만들어 준 에세이 포맷의 글을 넣습니다. 이후 '알아차림 노트'에는 자신의 아이디어가 어떻게 문장으로 또 문단으로 변환되었는지 살펴본 결과를 적습니다. 아래는 그 예시로, 서론을 쓰기 위해 학생이 쓴 개요 부분과 인공지능이 만든 아웃풋을 병치해 놓은 것입니다.

인풋: 서론 개요 (학생의 글)

1 최근 3년간 계절의 변화가 뚜렷하게 달라짐. 종잡을 수가 없다고 느낌.

2 개인적 경험: 작년 여름 엄청난 더위로 학교에서 야외 활동이 취소된 적이 있었음.

3 기후변화는 교과서에서 배우는 환경 문제가 아니라 우리가 매일 경험하는 일상의 문제

아웃풋: 서론 (인공지능이 생성한 텍스트)

최근 3년간 우리나라의 계절 변화는 교과서에서 배운 것과 확연히 달라졌다. 봄과 가을은 짧아지고, 여름과 겨울은 더 길고 극단적으로 변했다. 작년 여름, 우리 학교는 40도를 웃도는 폭염으로 야외 활동을 전

면 취소했고, 그 대신 실내 활동으로 대체했다. 이처럼 기후변화는 더 이상 뉴스에서만 접하는 먼 나라 이야기가 아니다. 그것은 우리 청소년들의 일상에 직접적인 영향을 미치는 현실이 되었다.

학생의 알아차림 노트

1 '뚜렷하게'는 '확연히'라는 말로 표현되었습니다. 사전을 찾아보니 '확연히'는 "아주 확실하다"라는 뜻이네요. 새롭게 배웠습니다.
2 "봄과 가을은 짧아지고, 여름과 겨울은 더 길고 극단적으로 변했다."는 개요에 없었는데 인공지능이 집어넣었습니다. 선생님께서 '추상적인 것을 구체적으로 표현하면 좋다'고 말씀하신 게 생각났습니다.
3 전 '엄청난 더위'라고 했는데 '폭염'이 됐더라고요. 알고 있는 단어였는데 쓰질 못했네요.

교사의 모델링과 마태 효과

세 번째로, 교사로서 자신이 가 보지 않은 길을 학생들에게 강요하지 말아야 합니다. 이따금 미묘한 '강요'를 하는 교사도 있어요. 예를 들어 어떤 선생님이 과제를 내면서 학생들에게 이런 걸 요구하더라고요.

"글쓰기 과제에 생성형 인공지능을 마음껏 사용해도 됩니다. 하지만 결과를 그대로 제출해서는 안 되고, 이걸 비판적이고 창의적으로 발전시켜서 내세요."

2025년 3월 현재 최신 챗GPT는 4.5 모델을 서비스하고 있습니다. 그 전에는 GPT-4 모델을 사용했는데 이때 벌써 미국의 GRE라는 에세이 시험의 평균 점수 정도 되는 에세이를 인공지능이 써 줄 수 있었습니다. GRE는 미국 대학원 진학을 위해 보는 시험이에요. 그러니까 이 선생님은 중고등학생에게 챗GPT가 만들어 준, 대학원생 수준의 글을 비판적이고 창의적으로 변형해서 내라고 한 겁니다.

이게 가능한가요? 불가능하진 않겠지만, 대다수 학생들에게는 힘들 겁니다. 학생들을 무시하는 게 아니라 과제의 수준 설정 자체가 잘못된 거죠. 그럼에도 학생들에게 이걸 요구하는 게 교육적으로 의미 있다고 판단한다면 어떻게 챗GPT가 생성한 글을 비판적이고 창의적으로 변형할 수 있는지 교사가 먼저 보여 줘야죠. 그 과정을 모델링하지 않고 그냥 '인공지능을 사용하기만 하면 학습이 되지 않으니 비판적이고 창의적으로 변형해서 내라고 해야겠다'라고 생각한다면 과연 학습자가 그걸 가치 있는 과제로 받아들일까요? 이렇게 하는 건 리터러시 교육을 혁신하는 것이 아니라 방기하는 것과 같아요.

학생들이 인공지능을 마음껏 사용해 보면서 새로운 가능성을 탐색하는 것이 목표라면, 그에 알맞은 과업을 설계해야 합니다. 하지만 이런 예에서처럼 대다수 학생에게 불가능한 과제를 내주는 일은 피해야겠죠. 그런 과제가 부여되면 학생들은 또다시 인공지능에 의존하려는 유혹에 빠질 수밖에 없습니다.

교사의 모델링이 중요하다고 해서 모든 걸 다 직접 보여 줄 필요는 없습니다. 모델링과 협업, 개인별 실행을 적절하게 배치하면 되니까요. 이때 생각할 수 있는 기본적인 교수 절차가 "I do it-We do it-You do it" 모델이죠. 처음에는 교사가 시범을 보이고, 이후에는 교사와 학생 혹은 역량을 갖춘 학생과 그러지 못한 학생이 함께 해 보는 겁니다. 마지막으로는 학생 각자가 독립적으로 과업을 수행하는 것입니다. "내가 보여 줄게." "우리가 함께 해 보자." 그리고 "같이 해 봤으니까 이번엔 너 스스로 해 보면 어때?"하는 식의 비계 설정 전략을 적절히 사용하는 것이 좋겠습니다.

네 번째로, 비언어에서 언어로의 전환을 강조할 필요가 있어요. 인공지능을 사용할 때 우리는 이미 구축된 세계의 언어를 인공지능 알고리즘으로 다양하게 변형해서 새로운 글이나 이미지, 동영상이나 음악을 만들어 냅니다. 저는 앞으로 데이터화되지 않았던 세계를 나의 언어로 만들어 보는 경험이 중요해질 거라고 생각해요. 비언어의 세계, 즉 아직 인공지능의 훈련 데이터에 포함되지 않은 세계를 언어화하는 읽기와 쓰기 과업이 중요해질 겁니다. 이렇게 누구도 주목하지 않았던 삶과 자연, 사회현상을 이야기와 지식으로 만드는 일의 가치가 커져 가고 있다는 것을 인식시킬 필요가 있어요.

구술사 연구를 생각해 볼까요? 구술사 연구는 여태까지 문자화되지 않았던 것에 집중하는 연구 분야입니다. 주로 인터뷰에 기반해 말을 텍스트화해서 연구하지요. 일례로 연세가 있고, 특정한 사회적, 역사적 경험을 하신 분들의 증언을 채록하는 연구가 있어요. 그런데 생각해 보면 구술사 연구가 노년층의 전유물은 아니에요. 학생 개개인의 인생도 인공지능 안에 들어가 있지 않으니까요. 그런 면에서 학생들의 삶과 경험을 중심으로 리터러시 교육이 좀 더 풍성해질 필요가 있다고 생각합니다.

이 같은 맥락에서 중고등학생들을 위한 '데이터화되지 않은 일상 기록하기' 프로젝트를 생각해 볼 수 있습니다. 예를 들어 소셜 미디어 사용에 대한 성찰, 청소년 간의 상호 인터뷰, 다니는 학교의 독특한 문화, 매일 접하는 동식물과의 교감, 특정 과목을 공부했을 때 느낀 점 등을 꼼꼼히 문서화하고 분석하는 과정을 통해 경험을 체계적으로 언어화하는 역량을 기르는 거죠. 나아가 결과물을 텍스트뿐 아니라 사진, 영상, 웹툰, 인포그래픽 등 다양한 매체로 표현할 수도 있고요. 이런 활동을 통해 학생들은 단순히 누군가가 마련해 준 정보를 소비하는 것이 아니라 인공지능이 포착하지 못한 세계를 지식으로 변환하는 주체로 설 수 있습니다. 이런 활동은 이미 산발적으로 이루어지고 있지만, 앞으로의 교육에서는 그 중요성이 더욱 커질 거예요.

다섯 번째로, 새로운 기술의 '마태 효과'를 경계해야 합니다. 마태 효과는 심리학자 키스 스타노비치Keith E. Stanovich가 읽기 발달의 누적 현상을 설명하며 널리 알려진 개념이에요. 성서 마태복음의 "가진 자는 더 가지게 되고 못 가진 자, 없는 자는 있는 것마저 잃게 된다."라는 구절에서 나왔지요. 잔인한 표현이죠? 마태 효과라는 이론적 개념 또한 잔혹한 현실을 포착하고 있습니다.

문해력 발달 초기에는 어휘나 읽기 능숙도의 역할이 상당히 큽니다. 최근 시청한 다큐에 따르면 7세에 수능 수준의 지문을 접하는 일부 아동들도 있지만, 리터러시 연구자가 보기에 이들은 '아웃라이어', 극히 일부의 이야기일 뿐입니다.

7~10세는 보통 읽기 발달 초기로 간주하기 때문이죠. 이 시기에 읽기 능력을 어느 정도 갖춘 학생들, 단어를 많이 알고 읽기가 어렵지 않은 학생들은 책을 더 많이 읽게 되고 읽기에 자신감이 생깁니다. 주변에서 칭찬을 받으면 '난 책을 잘 읽는 사람이구나.' 하면서 자신감이 강화되고 더 많은 책을 찾게 돼요. 그러면서 어휘와 문법을 더 풍성하게 학습합니다. 당연히 지식도 더 많아지고요. 즉 능숙도와 어휘가 든든히 받쳐주면 자신감도 커지고 지식도 많아지고 동기도 높아져요. 이건 자아 효능감과도 연결됩니다. '나는 읽을 줄 아는 사람이야. 나는 무엇이든 읽어 낼 수 있어.'라는 생각이 들지요. 이는 국어 교과뿐 아니라 사회, 과학 등 거의 모든 교과에 영향을 미쳐요. 결국 초기 문해력 발달이 학습 전반에 중대한 영향을 끼칩니다. 마태복음의 구절을 변주하자면 '무릇 초기 문해력에서 충분한 성취를 쌓은 이는 더 강력한 문해 역량을 가지게 되고, 초기에 기본을 닦지 못한 이는 가지고 있던 역량마저 잃게 되'는 것입니다. 이렇듯 초반의 작은 격차가 이후 학업 성취 전반에 있어 큰 격차로 벌어지는 것, 이것을 마태 효과라고 부릅니다. 물론 여기에 가장 중요한 영향을 끼치는 요인 중 하나는 사회 경제적 불평등이겠죠.

인공지능에 있어서도 마태 효과가 큰 화두가 되고 있습니다. 새로운 기술에 대한 마태 효과가 우려된다는 이야기가 여기저기서 나오고 있어요. 인공지능으로 능력과 역량의 격차가 더 커질 가능성이 높다는 우려입니다. 유럽연합은 이 마태 효과를 경고하는 문서를 내기도 했어요.

읽기 교육의 새 지평

여섯 번째로, 읽기도 생성적이라는 사실을 기억할 필요가 있습니다. 한 사람이 책을 읽을 때 겉으로 보기엔 아무 일도 일어나지 않아요. 그저 고요하죠. 그런데 그 독자의 머릿속에서는 모험과 상상, 고통, 슬픔 등등 별별 일이 순간순간 펼쳐지고 있지요.

독서에 푹 빠져 있는 자신의 모습을 한번 떠올려 보세요. 페이지를 넘길 때마다 '무슨 일이 펼쳐질까?' 기대하고, 주인공이 곤경에 처했을 때 나도 모르게 한숨을 내쉬고, 정말 좋아하는 소설의 결말이 가까워 올 때 '아, 조금 더 읽고 싶은데 벌써 끝나는 건가?' 혼잣말하던 순간들을 떠올려 보세요. 책은 그저 고리타분한 구닥다리 미디어가 아닙니다. 여전히 인류의 지식과 경험을 가장 정제된 방식으로 품고 있는 보물 창고입니다.

인류는 책을 갖가지 방식으로 읽어 왔습니다. 소리 내어 읽어 왔고, 홀로 조용히 읽어 왔죠. 행사에서 구절을 함께 낭독하기도 했고, 돌아가면서 소리 내어 읽기도 했고요. 요즘에는 각자 책을 읽은 뒤 모여서 감상을 나누거나 주제 토론을 펼치기도 하지요. 그뿐만이 아닙니다. 책을 읽고 '인증'을 하거나, 멋진 책들을 모아서 사진을 찍어 올리거나, 인상 깊은 구절을 필사하기도 합니다. 처음부터 끝까지 읽기도 하고, 원하는 부분만 골라 읽기도 하고요. 때로는 책의 서문과 결론만 훑어보기도 하고, 중요한 부분에 밑줄을 그으며 흩어지는 주의를 집중시키기도 합니다. 어떤 이들은 책 한 권을 반복해서 읽으며 매번 새로운 의미를 발견하기도 하죠.

이러한 관행들은 그 자체로 상상력의 원천입니다. 책을 '구세대의 미디어'가 아니라 다양한 관계를 매개하는 역동적인 미디어로 볼 필요가 있죠. 책과 책을 연결하고, 책과 사람을 연결하고, 책과 장소를 연결하고, 책과 시간을 연결하고, 책과 행위를 연결하고, 책과 디지털 공간을 연결하는 독서를 상상해야 합니다. 물론 그러기 위해서는 현재 학교가 책과 맺는 관계를 꼼꼼히 살펴볼 필요가 있습니다.

일곱 번째로, 새로운 읽기 교육을 서서히 준비해야 합니다.

우선 전제할 것이 방금 말씀드린 대로 전통적인 읽기 교육은 여전히 의미와 가치가 있다는 것입니다. 그런데 앞으로 5년, 10년 뒤의 세계에서 학생들이 과연 그런 방식으로만 책을 읽을까요? 저는 서서히 변해 갈 거라고 생각합니다. 학생들이 손끝에 생성형 인공지능을 갖게 된 지금, 전통적인 방식의 정독과 미독, 비판적 읽기만 고집하기는 힘들어졌어요. 책 읽기 모드 중에는 '홀로 정독하기' '정보 스캐닝하기' '동료들과 토론하면서 읽기' '발표하기' 같은 것이 있지요. 이제는 생성형 인공지능과 협업하면서 어떻게 스스로 읽을 것인가, 내 수준보다 훨씬 어려운 텍스트를 읽어 내고자 할 때 어떻게 인공지능과 상호작용할 것인가 등도 고민해 보아야 해요.

그런데 이에 대한 연구가 정말 없습니다. 인공지능 관련 사업 아이디어나 서비스 아이디어는 아주 많고 실제로 구현된 것도 있지만, 특히 중고등학교에서 읽기와 생성형 인공지능을 유기적으로 결합하는 방법에 대한 논의는 굉장히 부족합니다. 여기 계신 분들이 선구자가 되셔야 해요.

이런 아이디어는 어떨까요? 연극적인 요소를 넣어서 같은 주제에 대해 내가 쓴 글과 인공지능이 쓴 글을 비교해서 읽는다거나, 내가 읽었던 글을 다른 장르로 변환해서 읽는 거죠. 힙합을 좋아하는 학생이라면, 생성형 인공지능으로 랩을 다른 텍스트로 바꾼 다음 내가 읽었던 것이 어떤 면에서 변화했는지, 그 다른 텍스트는 어떤 면에서 랩 가사를 충실하게 반영하고 있고 어떤 면에서 왜곡하고 있는지를 대조해 볼 수 있지요. 고전문학이 버거운 친구라면 이를 현대어로 바꾸어 읽고, 이를 바탕으로 다시 고전문학을 읽어 보도록 지도할 수 있을 겁니다. 물론 현대어로의 변환이 완전하지는 않으니 교사의 개입이 필요하겠지요. 긴 글을 읽을 때는 중간중간 '쉬어 가는 지점'을 만들고, 인공지능에게 해당 부분을 이해했는지 질문하도록 유도할 수도 있습니다.

여기서 중요한 원칙이 있는데, 섬세하고 비판적인 독해에서 생성형 인공지능으로 '탈출'하는 것이 아니라, 생성형 인공지능을 통해 우리가 생각하는 읽기의 생산적인 과정을 더 깊고 역동적이면서 재미있게 만들어야 한다는 점입니다. 인공지능은 기존의 독서를 대체하는 도구가 아니라 그것을 더욱 온전히 할 수 있는 동반자가, 새로운 읽기의 가능성을 탐색할 수 있는 상상력의 원천이 되어야 하는 것입니다.

여덟 번째, 기술은 관계를 변화시킨다는 것을 명심해야 합니다. 그렇기에 기술로 인해 교실의 역동성과 상호작용 패턴이 어떻게 변할지를 면밀하게 시뮬레이션해 보는 것이 필요합니다. 인공지능 기술이 들어오면 사람 간 상호작용은 줄어들 가능성이 높아요. 이것이 바람직한 방향인지 사려 깊게 따져 물어야 합니다. 인공지능 기술에 의해 매개되는 상호작용이 비(非)매개 상호작용의 비중을 심하게 줄이지 않도록 주의해야 합니다.

최근 『AI블루』라는 책을 읽었습니다. 인공지능의 활용 혹은 인공지능에 대한 비판을 주제로 한 여느 책들과는 달리 이 책은 인공지능이 우리 마음에 어떤 영향을 끼치고 있는지를 여러 영역에서 논의하고 있어요. 저자에 따르면 예전에는 스택오버플로 Stack Overflow 같은 사이트를 통해 많은 개발자가 자료와 경험을 공유했는데, 이젠 바로바로 대답해 주는 챗GPT나 클로드 Claude, 깃허브 코파일럿 GitHub Copilot 같은 서비스 때문에 사람들이 서로 물어볼 일이 사라져 간다고 합니다. 그런데 인공지능이 훈련한 데이터에 포함되지 않은 영역에서 인공지능으로 해결할 수 없는 과업에 맞닥뜨리면 문제가 되기도 합니다.

이러한 현상에 대해 어떤 연구자는 논문에서 "언어 모델이 오픈 데이터 생성을 방해한다면 그들은 미래의 학습 데이터화 효율성 측면에서 그들 자신의 미래마저 제한할 것이다."라는 경고를 보내요. 쉽게 말해 사람들이 인공시능과만 상호작용하고 서로 지식과 경험을 공유하지 않는다면, 인공지능이 앞으로 훈련할 수 있는 데이터는 줄어들 수밖에 없고, 이는 결국 인공지능의 미래에 큰 걸림돌로 작용할 거라는 이야기입니다.

저는 이것에 '다대다 관계에서 일대일 관계로의 급격한 전환'이라고 이름을 붙여 보고 싶습니다. 다대다는 사람들 대 사람들, 일대일은 개인과 인공지능이죠. 스택오버플로뿐 아니라 많은 커뮤니티에서 서로 묻고 대답하는 문화, 자신의 경험을 아낌없이 나누는 문화, 즐겁고 기꺼운 손길이 되는 문화는 서서히 사라져 가고, 그 대신 기계와 개개인 사이의 관계만 강화되는 상황이 심화되고 있는 거예요.

이런 흐름은 교육에서도 여러 우려를 자아냅니다. 학생들이 서로 대화하며 토론하는 과정 자체를 불필요한 것으로, 혹은 비효율적인 것으로 여길 수도 있기 때문이에요. 서로의 의견을 묻는 것이 아니라 인공지능에게 의견을 들려 달라고 하게 되니까요. 그렇지 않아도 부실한 토론 문화가 "인공지능한테 물어보면 되잖아?"라는 질문에 조금씩 잠식당할 가능성은 꼭 기우만은 아닐 거예요.

그런 면에서 교사들은 인공지능의 부상이 교실 내 상호작용 역학에 미칠 영향을 세심히 살피고, 교실이 하나의 작은 사회로서 갖는 교육적 기능에 더욱 주목해야 합니다. 학습자와 인공지능 간의 일대일 관계가 강화될수록 인간과 인간의 교류를 강화할 수 있는 방법을 더 깊이 고민해야 합니다.

아홉 번째, LLM Large Language Model, 거대 언어 모델은 팩트가 아닌 언어 생성을 위해 사용해야 합니다. 챗GPT와 같은 인공지능 챗봇은 LLM이라고 부르는 시스템에 의해 구동되는데, LLM은 대규모 텍스트 데이터를 사용하여 학습하는 인공지능 모델입니다. 이것은 정보를 알려 주는 것이 아니라 언어를 생성하는 거예요. 쉽게 말하면 인공지능 챗봇은 백과사전을 만들어 주는 것이 아니라 그럴듯한 단어의 연쇄를 만들어 주는 거죠. 그런데 왜 맞는 이야기가 대부분일까요? 생각해 보면 간단합니다. 우리가 다루는 지식 대부분이 언어로 되어 있기 때문에 그 언어를 그럴듯하게 늘어놓으면 지식의 체계와 별반 다르지 않기 때문이죠.

그런데 여기에 허점이 있습니다. 인공지능이 만들어 내는 것이 정제된 지식의 체계가 아니기 때문에 종종 '헛소리'가 나온다는 겁니다. 아까 제가 인공지능의 환각에 대해 잠깐 말씀드렸었죠? 이 환각이라는 용어에 대해 여러 비판이 있긴 하지만, 이미 널리 사용되고 있으니 그냥 사용할게요. 환각은 인공지능이 가지고 있는 기본적인 한계예요. 앞으로 환각이 점점 줄어들 테지만, 아예 사라지지는 않죠. 여기에 주목해야 합니다.

어떤 사람은 "그게 뭐 그리 큰 문제냐? 사람들이 하는 헛소리에 비하면 인공지능의 헛소리는 귀여운 수준이다." 하고 말하더라고요. 개개인의 지식 체계에 구멍이 많다는 점, 그리고 사람들은 종종 진실이나 팩트와 거리가 먼 이야기를 한다는 점에는 충분히 동의합니다. 그런데 그런 한계를 넘어서기 위해 우리는 여러 전문가의 협업과 크로스 체크를 통해 교과서를 만들고 교재를 집필합니다. 실제 교과서를 써 보셨다면 아시겠지만, 모두가 단 하나의 실수도 허용하지 않는다는 마음으로 임하지, '틀린 거 좀 나와도 괜찮아. 사람들이 말하는 것보다는 교과서가 훨씬 정확하니까.'라는 마음으로 집필하지는 않거든요. 저도 마찬가지입니다.

그래서 늘 믿을 만한 정보 즉, 신뢰할 만한 기관에서 낸 리포트, 논문이나 교과서, 공신력 있는 통계자료 등을 쓰는 것을 몸소 보여 주셔야 합니다. 비판적으로 미디어를 읽어 내는 역량도 키워야 하겠죠. 사실의 정확성이 요구되는 과업이라면 인공지능에 전적으로 기대는 일은 없어야 합니다.

열 번째, 앞으로의 수업 구성은 체화해야 하는 지식과 가치, 태도가 무엇인지 묻는 데서 시작해야 합니다. 어떤 것을 인공지능과 함께하고, 어떤 것을 몸과 마음에 새길 것인가를 고려해서 수업을 디자인해야 해요. 자칫하면 학생들이 인공지능에 '끌려갈' 수 있거든요. 인공지능의 성능이 압도적인 상황에서 일부는 그렇게 끌려가는 걸 역량 강화라고 오해할 수도 있고요.

학생들에게 인공지능 자체가 아니라 자신의 지식, 경험, 각자가 처한 상황과 위치가 중요하다는 것을 늘 상기시켜야 합니다. 우리는 단지 인공지능이 아니라 우리의 삶과 사회에 대해 이야기하고 있다고요. 그런 의미에서 정체성과 위치성을 강화하는 게 필요하고, 학습자가 인공지능에 압도당하지 않도록 해야 한다고 생각합니다. 사람 나고 인공지능 났지, 인공지능 나고 사람 난 게 아니니까요.

마지막으로 비판과 윤리적 성찰은 부가적인 고려 사항이 아니라 모든 활동의 전제가 되어야 합니다. 사회에서는 '활용'이라는 키워드에 방점을 찍고 인공지능을 이야기합니다. 어떻게 적재적소에 잘 활용할 것인가, 이를 통해 어떻게 생산성과 효율성을 높일 것인가를 이야기하죠. 하지만 저는 활용이 인공지능 리터러시의 일부라고 생각합니다. 활용만큼, 아니 그 이상으로 중요한 것은 인공지능과 우리가 맺는 관계를 비판적으로 보고, 윤리적으로 성찰하는 일입니다.

'인간은 기술을 만들고 기술은 인간을 만든다'고 하지만 사실 '소수의 인간이 기술을 만들고, 그 기술은 인간 전체를 바꾸려 한다'가 좀 더 맞는 진술일 겁니다. 인류 전체가 협력하여 기술을 디자인하고 인류 전체가 그 기술을 쓰는 게 아니라는 거죠. 결국 기술에는 특정한 의도와 세계관이 담길 수밖에 없고, 이를 설계하는 주체는 대개 기술력을 갖춘 자본입니다. 이 점을 잊지 말아야 합니다.

그렇기에 기술이 모든 이에게 골고루 이익을 가져다줄 것이라는 생각은 환상에 가깝습니다. 특정 기술이 가진 잠재력을 자신의 역량으로 만드는 작업도 중요하지만, 그러한 기술이 교육과 사회, 언론과 정치, 관계와 감정을 어떻게 바꾸어 나갈지 비판적으로 살펴야 합니다. 더 나아가 이러한 기술이 '나'라는 존재와 어떻게 상호작용하며 나와 공동체의 정체성을 어떻게 바꾸어 가는지 깊이 성찰해야 하고요. 기술과 인간의 관계를 다루는 데 있어서 이 같은 비판적, 성찰적 작업이 결코 가볍게 여겨져서는 안 됩니다.

지금까지 살펴본 여러 요인을 두루 고려했을 때 인공지능 리터러시를 키우는 데 있어 어떤 가치와 원칙을 가져야 할까요? 저는 우리가 현재 가지고 있는 개념적 틀 중에서 UDL의 철학이 가장 적절하다고 생각합니다.

이미 많은 분이 아시겠지만 UDL은 '유니버설 디자인 포러닝Universal Design for Learning'의 약자로 보편적 학습 설계를 말합니다. 이에 대해 자세히 논의하기 전에 먼저 '유니버설 디자인' 즉 '보편적 설계'에 대해 이야기해 볼게요. 지금 제가 강연하고 있는 이 건물에 엘리베이터가 없더군요. 제가 휠체어를 타는 장애인이었다면 혼자 힘으로 이 강연장까지 올라올 수 없었을 겁니다. 다시 말하면 이 건물의 디자인은 모든 사람에게 동등한 기회를 제공하지 않아요. 사실상 누군가를 철저히 배제하고 차별하는 건물이지요. 보편적 설계는 원래 이렇게 건축 분야에서 나온 용어예요. 스칸디나비아의 몇몇 국가는 건축 규제 자체에 유니버설 디자인을 적용해서, 건물을 지을 때 그 조건을 충족해야만 건축 허가를 내줘요. 도로를 새로 지을 때나 건물 보수를 할 때 유아차라든가 휠체어를 탄 사람, 목발을 짚은 사람, 시각장애인 등이 불편 없이 사용할 수 있다는 것을 명시해야만 허가해 줘요.

 건축에서 시작된 보편적 설계 개념은 그 범위를 확장해 나갔습니다. 유엔UN의 장애인권리협약Convention on the Rights of Persons with Disabilities에 따르면 '보편적 설계'는 모든 사람이 적응해야 하거나 특수하게 디자인 하지 않아도 사용할 수 있도록 제품, 환경, 프로그램 및 서비스를 최대한 적절하게 설계하는 것을 의미합니다. 이런 흐름에서 '보편적 설계'라는 개념을 교육으로 끌어온 것이 보편적 학습 설계인데, 교육학 및 교과 교육학에서 활발하게 논의되는 추세입니다. 유연성, 혹은 접근성 개념을 교육과정 및 교수 학습 방법으로 확대 적용하고자 하는 일련의 원칙과 실천 사례를 묶은 것이지요.

보편적 설계와 관련해서 널리 인용되는 가이드라인이 있어요. 인터넷에서 'UDL Guidelines'라고 검색하시면 캐스트 CAST라는 단체에서 만든 대표적인 가이드라인이 나옵니다. 현재 3.0 버전까지 개발되어 있어요. 이에 따르면 보편적 학습 설계는 "모든 학습자가 접근 가능하고, 포용적이며, 도전적인 학습 환경을 설계하기 위한 프레임워크"이며 "궁극적으로 학습자 주도성, 즉 학습 목표를 위해 적극적으로 선택에 참여할 수 있는 능력을 지원하는 것"을 목표로 합니다.

정의에서 알 수 있듯이 보편적 학습 설계의 교육 철학은, 모두가 다르며 그렇기에 배움도 다를 수밖에 없다는 관점에 기반해요. 유니버설하다, 즉 보편적이라는 개념에는 모두가 다르기 때문에 모두를 다르게 대해야 한다고 하는 철학이 들어 있는 거죠. 건축 설계를 할 때 장애인과 비장애인, 아이와 노인, 잠시 부상을 당한 사람과 유아차를 끌고 온 양육자 등의 차이를 고려해야만 모두가 어려움 없이 건물에 들어와서 건축물이 제공하는 다양한 경험을 만끽할 수 있겠죠. 이러한 고려 없이 모두를 똑같이 대한다면 다수가 가지고 있는 특성을 따르라고 하는 것이고, 다수의 편에 서는 일이 됩니다. 결국 누군가를 차별하고 배제하게 되지요.

여기 계신 분들 중에 안경을 쓴 분들이 있군요. 저도 안경을 중학생 때부터 썼어요. 만약 모든 사람을 똑같이 대한다고 "자, 학교에서는 안경 착용을 금지합니다."라거나 "공정성을 기하기 위해서는 모두 똑같은 도수의 안경을 써야 합니다." 하고 주장한다면, '저 사람 좀 이상하네?' 하고 생각하실 거예요. 우리는 누구나 자신에게 맞는 최적의 안경을 쓰는 걸 당연하게 여기죠. 하지만 누구도 자신에게 맞는 최적의 교수를 받는 것을 당연하다고 생각하지 않아요. 온갖 이유를 대며 '그게 가능하겠어?' '돈이 너무 많이 들지 않아?' '평가는 어떡할 건데?'라며 그런 생각을 밑동부터 자르려 들죠. UDL은 이러한 현실에 대한 통렬한 비판과 반성에서 출발해요. 모두가 같은 시간, 같은 속도, 같은 목표, 같은 난이도, 같은 내용을 가지고 공부한 뒤, 같은 평가를 치르고, 모두를 한 줄로 세우는 건 공정한 게 아니라 인간이라는 존재가 가진 다양성을 철저히 망각하는 일임을 인식하는 거죠.

기술이 세계를
급진적으로 재구성할 때
교육이 해야 할 일

이제 결론을 내릴 시간입니다. 제가 강조하고 싶은 것은 기술이 급진적으로 세계를 재구성할 때, 더욱 급진적인 가치의 도입을 통해 이에 대응해야 한다는 점이에요. 기술이 삶과 사회 전반을 변화시킬 것이 분명하다면 전통적인 가치를 다시 한번 강조함으로써 이에 대응하는 것이 아니라, 그간 쉽게 입 밖으로 꺼낼 수조차 없었던 가치와 지향에 대해 목소리를 높여야 한다는 겁니다. 기술 중심 담론에 기술에 대한 지식 여부로 대응하는 것이 아니라, 그러니까 "나는 이걸 알고 있어. 이거 써 봤어."가 아니라 "이러한 기술로 우리는 이런 삶과 사회를 지향할 거야."라고 외쳐야 합니다. 구체적으로는 기술에 대한 비판적 성찰과, 기술을 통한 가능성의 창조라는 두 가지 축으로 기술 중심 담론에 개입할 수 있는 방안을 강구해야 합니다.

이를 위해 인공지능 리터러시가 반드시 필요하지만, 그보다 더 근본적으로 가르침과 배움, 그리고 이것이 만들어 갈 사회에 대한 명확한 가치 체계를 마련해야 합니다. 그게 없으면 인공지능의 잠재력을 교육에 적절히 도입할 수 없다고 생각해요. "정말 중요한 건 인공지능 도구가 아니라 인류가 오랜 시간 씨름해 온 가치 속에 있어."라고 주장할 수 있어야 합니다.

우리는 휘몰아치는 기술 중심 변화에 대응할 교육적이고 사회적인 가치를 가질 수 있어요. 단지 교육계 내부에서만이 아니라 사회적으로 공유할 수 있는, 엄밀하면서도 따스한 언어를 가져야 합니다. 같은 지향을 가진 사람들을 위한 언어가 아니라 가치와 지향 자체를 확장하며 새로운 연대를 만들어 낼 수 있는 언어를 마련해야 하죠. 쉽지 않은 길이지만, 의미 있는 길이 아닐까 싶습니다. 저 또한 그런 언어를 주조하기 위해서 계속 공부하고 나누고 성찰하겠습니다.

감사합니다.

김성우×천경호 대담

천경호 안녕하세요? 저는 실천교육교사모임에서 활동하는 교사 천경호입니다. 리터러시는 결국 언어이고, 그 언어를 통해 세상과 사람을 이해하는 것을 배우는 일이 교육이라고 생각합니다. 그런 면에서 인공지능이 아이들이 사람과 사회를 이해하는 데 어떤 도움을 줄 수 있을지 의문이 들어요. 이에 대해 선생님은 어떻게 생각하시는지요?

김성우 제가 한번은 한 중학생에게 생성형 인공지능이 뭐가 좋은지 물어봤어요. 저는 "과제를 빨리 할 수 있어요."라든가 "시간을 아껴 줘요." 같은 대답을 예상했는데, 그 학생은 "인공지능은 똑같은 질문에 화를 안 내고 천 번을 대답해 줄 수 있어요."라고 하더라고요. 사람에게는 같은 질문을 두세 번만 물어봐도 싫은 내색을 하기 마련인데 인공지능은 계속해서 답을 해 주죠. 그게 너무 좋다는 거예요. 적어도 그 학생에게는 인공지능이 학습적으로 순기능을 하고 있었던 것 같아요.

다만 그것이 사회화 과정에 있어서 인간과 인간 간의 관계를 어떻게 왜곡할지는 아직 모릅니다. 아주 어릴 때부터 어떤 질문이든 즉시 대답해 주고 여러 번 물어봐도 화내지 않고 다정하게 설명해 주는 존재와 함께 자란다면 어떻게 될까요? 매일 인공지능과 대화를 나누면서 속마음을 터놓는 사이로 커갈 때, 주변 사람들보다 인공지능에 더 깊은 애정을 느끼게 될 때 그 사람은 가족, 친구, 교사 등 인간과의 관계가 어떻게 달라질까요? 이런 질문들은 결코 회피할 수 없는 중장기 연구 과제라고 생각해요.

우리는 모두 사회적인 존재로 크잖아요. 주변 사람들을 보고 배우죠. 그들과 대화하면서 우리 자신의 정체성과 세계관을 만들어 가고요. 다양한 기술과 미디어, 동식물과 자연이 있지만 사람이 가장 강력한 영향을 미친다는 점을 부인할 수는 없어요. 여태까지는 그렇게 우리의 사회화를 이끌어 가는 존재는 기본적으로 주변 사람들이있어요. 그런데 이제 그 관계망에 인공지능이라는 새로운 행위자가 등장하게 되었습니다. 인공지능이 인간 대 인간의 상호작용에 미칠 영향은 쉽게 예상할 수 없는 상황이고요.

다만 저는 인공지능과의 관계를 설정함에 있어 '어떻게 될까?'라고 예상하는 게 아니라, 우리가 지향하는 관계를 만들어 가야 한다고 생각해요. '인공지능이 미래를 이렇게 바꿀 테니 이렇게 대비하자.'가 아니라 우리가 원하는 미래를 협력하며 능동적으로 만들어 가는 거죠. 그러자면 교사와 학생 간의 신뢰를 저버리지 않으면서 학생들에게 어떻게 인공지능을 쓰게 할지, 인공지능을 대하는 윤리를 어떻게 가르쳐야 할지를 먼저 고민해 봐야 합니다.

선생님의 질문으로 돌아가 보자면 '인공지능이 우리에게 어떤 도움을 줄 수 있을까?'라는 질문도 의미 있지만, 그보다 먼저 '나는 다른 존재들, 특히 인공지능과 어떤 관계를 맺어야 할까?'라고 묻는 것이 올바른 순서가 아닐까 합니다. 이 근본적인 질문에 대한 답을 찾아가는 과정에서 인공지능의 유용성 또한 자연스럽게 발견될 거고요. 그런 의미에서 현재 수준의 인공지능이 우리에게 주는 가장 큰 도움은, 어쩌면 기술과 인간이 서로 얽혀 영향을 주고받는 역동적인 관계를 성찰하는 능력을 길러 준다는 점일지도 모르겠습니다.

우리는 기술을 당연한 것으로 생각하는 경향이 있어요. 대표적으로 문명을 혁명적으로 바꾼 문자조차 기술로 인식하지 못하죠. 인터넷, 검색 엔진, 유튜브 같은 현대 기술 역시 그저 편리하게 사용하는 도구 정도로 여길 뿐, 그것들이 우리의 감각, 습관, 사고방식까지 근본적으로 바꾸고 있다는 사실은 간과하는 경우가 많아요. 그런 면에서 인공지능은 인간과 기술이 맺는 복잡다단한 관계를 비판적으로 보고 성찰할 수 있는 좋은 기회를 제공한다고 생각합니다. 학교 교육에서 이런 작업이 충실히 이루어진다면 학생들은 인간관계 속에 깊이 얽혀 있는 기술의 영향력을 더 명확히 보게 될 거예요. 이를 마중물 삼으면 IT 기술뿐 아니라 스마트폰, 책, 이메일, 교통수단, 나아가 법 제도와 문화까지도 새로운 각도에서 보는 안목을 키울 수 있을 거고요. 이 과정에서 교사와 교육 당국의 역할이 그 어느 때보다 중요해지는 시기입니다.

천경호 사실 학교에서 제일 힘든 것 중 하나가 도대체 이 인공지능이 뭔지, 그 실체를 잘 모른다는 것입니다. 이걸 썼을 때 아이들한테 어떤 이로움이 있고 어떤 해로움이 있는지 전혀 모르는 상황이라는 것이 큰 문제죠.

약을 하나 만들 때도 임상 실험을 충분히 거치잖아요. 어떤 부작용이 있을지 살피고 또 살펴서 정말로 안정성이 검증되면 그때 시판하죠. 그런데 학교 교육은 그런 식으로 진행되지 않아요.

학생들은 다양한 발달단계를 거치고 있고, 각 단계마다 선생님들은 적합한 방식으로 가르쳐야 합니다. 그런데 인공지능의 발달에는 수많은 사람이 관심을 가지고 이야기하지만 정작 학생의 발달에 대해서는, 교대나 사대 교수님들도 잘 모르실 때가 많아요.

모든 학습에 있어 기본적으로 실행 기능이 정말 중요한데, 제가 관련 연구를 좀 찾아보니 실행 기능의 발달에는 인공지능이 크게 도움이 되지 않는다는 연구 결과가 계속 나오고 있어요. 오히려 인공지능을 활용하는 것이 실행 기능을 떨어뜨린다고 해요.

『익스텐드 마인드』라는 책에서는 우리가 효율적으로 기억하고자 할 때 도구에 의존한다고 해요. 도구를 활용해서 내가 기억한 것을 적어 두면 굳이 기억하지 않아도 되니까요. 내가 원하는 정보가 어디에 있는지, 어떻게 찾아야 하는지 알기만 하면 찾아가서 보면 되고, 그러면 마치 그 지식이 내 것처럼 생각됩니다. 인공지능 교과서도 아까 말씀하신 것처럼 화내지 않고 대답해 주고, 또 내가 모르는 걸 모른다고 말해도 창피하지 않다는 장점이 있어요. 하지만 저는 오히려 그게 무서워요. 이런 것은 인간이 느껴야 할 다양한 정서 중 하나임에도 그걸 경험할 환경을 박탈하는 것 아닌가 하는 생각 때문입니다.

김성우 공감되는 말씀입니다. 인공지능은 단지 편리함을 선사하는 것이 아니라 더 근본적인 문제들을 은폐하거나 배움의 기회를 박탈할 수 있습니다. 학급에 조금 특이한 학생이 있다고 생각해 볼까요? 그 학생이 자기 이야기를 충분히 할 수 있도록 하려면, 사실 학생이 개인적으로 노력하는 것을 넘어 학급 전체가 그 학생의 특이함을 포용할 수 있어야 해요. 그리고 그런 학급 환경을 조성하는 데 가장 중요한 건 당연히 교사의 역할이고요. '우리 모두가 공동체다. 너는 우리 학급에 속해 있는 우리와 같은 학생이고 너의 특이함은 절대로 너의 단점이나 숨겨야 할 약점이 아니야.'라고 모두가 생각하고 자유롭게 의견을 개진할 수 있도록 하는 게 교육의 주요한 목표 중 하나이지 않습니까? 공동체에 소속감을 경험하게 하는 것은 모두의 책임이죠.

그런데 그게 힘드니까 이제는 많은 이가 인공지능에 의지해요. 인공지능은 화도 안 내고 내 이야기를 다 받아 주거든요. 그러면 학급이 공동체로서의 발달을 위해서 모두가 해야 할 일을 방기하게 되는 결과로 이어질 수 있어요. 그래서 인공지능을 개별화 교육 도구로만 활용해서는 안 됩니다. 오히려 인공지능을 통해 교실의 공동체성을 어떻게 강화할 것인가, 기존에 교사 혼자의 힘으로는 어려웠던 역동적인 모둠 활동을 어떻게 지원할 것인가로 고민의 방향을 틀어야 해요. 개별화 교육의 여러 걸림돌은 인공지능이 고도화할수록 어느 정도 자연스레 해소될 수 있지만 교실의 공동체성, 사회성, 상호 돌봄을 강화하는 일은 시간이 해결해 주지 못하기 때문입니다.

천경호 학생들이 사람이 아니라 영상 매체와 많이 접촉하는 점도 우려스럽습니다. 아이들이 유튜브로 정보를 검색한다는 건 결국 텍스트가 아니라 영상을 통해 정보를 습득한다는 뜻이에요.

조금 극단적인 경우이기는 하나, 제가 가르쳤던 학생 중에 유튜브 사용 시간이 하루 평균 열 시간인 아이가 있었어요. '이게 어떻게 가능하지?' 싶었어요. 그 아이한테 몇 시에 자는지 물어보니 아홉 시 반에 잔다는 거예요. 일찍 자죠? 그럼 몇 시에 일어나느냐고 물어보니 새벽 한 시쯤 일어난대요. 왜 그 시간에 일어날까요? 부모님의 눈을 피하기 위해서였어요.

그 아이는 그 시간에 일어나서 유튜브를 봅니다. 그러면서 생긴 특성이 하나 있었어요. 예를 들어 '인공지능과 리터러시, 변화의 시대에 가치를 말하기'라는 문장을 읽고 기억했어요. 그런데 앞에 나와서 그 이야기를 하려고 하면 갑자기 그 문장이 생각나지 않아요. 분명히 자리에 앉아 있을 때는 다 외웠는데요. 자기 자신도 왜 그러는지 모르죠.

또 그 아이가 가장 힘들어했던 게 "네 생각은 어때? 네 마음은 어때?"라는 질문을 받을 때였어요. 그 아이는 계속해서 "몰라요. 모르겠어요."라고 했어요. 자기 생각을 말하는 걸 너무너무 힘들어했죠. 저는 아이들이 인공지능을 활용해서 글을 쓰고 결과물을 만들어 냈을 때, 그걸 보지 않고 자기 생각을 말할 수 있을까 무척 걱정됩니다.

김성우 정말 안타깝네요. 저는 인공지능과 교육에 대한 논의가 두 가지 방향에서 잘못 가고 있다고 봅니다. 첫 번째는 거의 모든 것이 기술 공학의 관점에서만 논의돼요. 이 소프트웨어나 인공지능이 어떤 성능을 갖고 있고 무엇을 할 수 있는지가 늘 논의의 중심이죠. 그것이 인간과 어떻게 상호작용하고 단기적으로 또 중장기적으로 인간을 어떻게 변화하게 할 것인가, 인간의 관계를 어떻게 변화하게 할 것인가에 대한 사회적이고 문화적인, 심리적이고 제도적인 논의가 정말 부족해요. 이건 굉장한 불균형이라고 생각해요. 기술이 교육과 사회에 던지는 중요한 질문이니 정책적 함의, 기술에 대한 비판적 논의가 많아져야 합니다.

그런데 반대편에서의 아쉬움도 커요. 우리는 기술을 그 자체로 깊이 이해할 수 있는 토양이 정말 부실하거든요. 저는 미국과 영국 언론의 기술 관련 보도를 챙겨 보는 편인데, 한국 언론과 큰 차이가 있어요. 한국은 주로 신기술이 이러저러한 걸 해결해 준다더라 하는 기술 위주의 보도가 많아요. 그 기술이 정확히 무엇인지 이야기해 주는 보도는 거의 없어요. 이 기술이 어떻게 작동하고 한계는 무엇이고 어떤 위험성을 갖고 있다는 심층 보도가 없죠. 제가 놓쳤을 수도 있지만 LLM이나 추론 모델이 어떻게 작동하는지 설명하는 한국의 언론 기사를 본 기억이 없어요.

하지만 《뉴욕타임스》나 《가디언》 등을 보면, 모든 면에서 기술을 기술 자체로 이해할 수 있게 대중적인 눈높이에서 작성한 기사가 꽤 많아요. 이게 시민의 기술 리터러시에 긍정적인 영향을 주고요. 한국 사회의 교사와 학생 대다수는 언론을 통해 기술 관련 소식을 접하기 때문에 언론이 제 기능을 못 하면 연구자들과 교사들이 아무리 열심히 노력해도 한계가 있어요. 이런 상황에서는 교사들이 기술을 제대로 이해하고 목소리를 내는 게 쉽지 않죠.

두 번째는 방금 천경호 선생님께서 말씀하신 것과 일맥상통하는 것인데, 이미 발달이 어느 정도 끝난 성인이나 전문가의 입장에서만 인공지능의 장점을 이야기한다는 점이에요. 어린 학생 중에는 단어 하나도 제대로 쓰기 힘들거나, 문장 하나도 제대로 완성하지 못하는 경우가 있어요. 이런 학생들이 어떻게 인공지능과 상호작용할 것인가에 대한 논의는 전혀 없어요.

아직 발달 자체가 덜 된, 인지적, 정서적, 사회적, 그 외 모든 면에서 역량을 키워야 하는 단계에 있는 학습자들은 인공지능과 오랫동안 상호작용할 때 어떻게 변하게 될까요? 인공지능 논의에서 발달과 관련된 관점이 아예 없어요. 물론 성인이라고 문제가 없는 건 아니에요. 제가 성인을 대상으로 강연하면서 "여러분은 유튜브 때문에 좋기만 하시죠?"라고 물어보면 다 웃으시거든요. 스스로 부작용을 느끼고 있기 때문이에요. 어른도 이런데 아이들은 어떨까요?

그럼에도 이런 요인들을 별로 고려하지 않는 채 인공지능과 교육을 통합하는 논의가 전개되고 있어요. 교사들이 관계나 발달의 문제를 깊이 논의하면서 천천히 인공지능을 도입하자고 하면 마치 교육계가 보수적이고 기술 변화를 무작정 거부하는 듯한 프레임이 만들어지는 상황이에요. 누가 이런 프레임을 바꿀 수 있을까요? 교육 당국이나 언론, 미디어의 책임이 크겠지만 결국 교사들이 바뀌어야 한다고 생각합니다. 교사들이 제일 잘 알고 있으니까요. 저도 그런 교사 중의 한 명입니다. 마치 인간은 모두 비슷한 존재이고 인공지능의 활용이 인지적, 정서적, 사회적, 윤리적 발달에 아무런 영향이 없는 것처럼 이야기하면 안 돼요. 그건 기술이 단지 도구의 역할에 그치지 않고 우리의 존재와 정체성을 바꾼다는 점을 망각하는 거죠.

천경호 기술이 계속 발달함에도 아이들은 오히려 기능을 상실하는 느낌이 들어요. 해가 갈수록 아이들이 그 연령대에 습득했어야 하는 기능을 상실한 채 학교에 들어오고 있어요. 젓가락질이나 숟가락질을 하는 것도 너무 힘들어하고, 화장실 가서 혼자 볼일 보는 것도 힘들어할 정도예요. 아이들이 타인과 기계의 도움을 많이 받으면서 인간으로서 기본적으로 해야 할 기능을 많이 잃어버리고 있어요. 이런 상황에서 학교는 무엇을 해야 할지 고민이 깊습니다.

또 이런 고민도 있습니다. 최근 중고등학생들이 극우적인 표현을 많이 합니다. 다른 집단에 대한 혐오와 차별이 깊어지고 있는데, 왜 그럴까 생각해 보면 기술에는 관심이 있지만 정작 내 옆에 있는 사람들에게는 관심이 없기 때문이 아닐까 해요. 이런 상황을 바꾸기 위해 교사들이 무엇을 할 수 있을까요?

김성우 저는 대학에서 가르치고 있는지라 처음 말씀하신 고민을 다 헤아리지는 못하지만 깊이 공감합니다. 저 또한 최근의 코로나19 상황이 가져온 정서적, 사회적 발달의 격차를 종종 느끼거든요. 디지털 기기에 과도하게 의존하면서 타인과의 상호작용이 점차 줄어드는 것 아닌가 하는 우려도 들고요. 무엇보다 아이들이 함께 어울려 노는 문화가 점점 사라지는 것 같아 안타깝습니다.

기술의 빠른 진화와 극우적인 성향의 확산을 인과관계로 묶기는 어렵겠지만, 이 둘 간에 아무런 관계가 없다고도 말할 수 없을 겁니다. 극우 콘텐츠가 청소년을 끌어들이는 현상은 여기저기에서 보고되고 있고요. 이런 맥락에서 오늘의 주제인 인공지능의 바람직한 활용법에 관한 질문이 제기됩니다. 흔히 인공지능의 장단점을 고려해 교육 현장에서 장점은 극대화하고 단점은 최소화하는 방향으로 활용해야 한다는 답변이 나오지만, 이러한 접근에는 함정이 있어요.

인간은 누구나 물리적으로 24시간을 살아갑니다. 이것이 진정한 평등을 의미하진 않아요. 사회 경제적, 문화적 자본이 그 시간을 어떻게 사용할 수 있을지에 제약 조건이 되니까요. 이동할 때마다 양육자가 자동차에 태워 주는 학생과, 경제적 어려움으로 특별한 상황이 아니면 걸어다녀야 하는 학생의

24시간이 같다고 할 수 없죠. 그렇게 불평등하게 주어진 24시간 안에 할 수 있는 일에는 한계가 있습니다. 그러니 장점을 최대화하고 단점을 최소화해서 널리 사용한다 한들, 기술에 들이는 시간만큼 나머지를 할 수 없게 돼요. 이러한 현실이 인공지능 리터러시 교육에 시사하는 바는 무엇일까요?

현 체제에서 인공지능의 혜택을 가장 많이 누리는 이들은 이미 학업 성취가 우수한 학생들입니다. 기술에 대한 지식과 풍부한 배경지식을 갖춘, 상대적으로 우위에 있는 학생들이 더 큰 혜택을 받게 되어 교육 격차는 필연적으로 심화되죠. 앞서 말씀드렸던 마태 효과가 발현되는 것입니다. 인공지능의 순기능이 가장 절실히 필요한 계층은 사회 경제적 여건으로 다양한 학습 및 문화 경험이 제한된 학생들이나 학교 공동체 적응에 어려움을 겪는 학생들이에요. 그런데 이런 학생들에게는 정작 인공지능의 혜택이 돌아가지 못하고, 오히려 이미 많은 것을 확보한 학생들이 인공지능의 혜택을 누리게 된다면 공교육의 존재 의의는 어디에 있는 걸까요? 이런 질문을 던질 수밖에 없죠.

여기에서 고려할 점이 하나 더 있어요. 사회 경제적으로 취약한 학생들이 인공지능과 지혜롭게 공존하기 위해서는 좀 더 많은 자원, 특히 교사의 손길이 필요하다는 거예요. 따라서 교육자로서 우리의 핵심 과제는 자원이 부족한 학생들이 소외감이나 박탈감 없이 성장할 수 있는 포용적 교육 환경과 실질적 지원책을 마련하는 것입니다. 그들이 스스로를 취약한 존재로 인지하지 않도록 하면서 수업의 당당한 주인공으로 세워야 하는데, 인공지능 활용 교육에서 그런 취약성을 더욱 강하게 느끼게 될까 우려되기도 합니다.

천경호 저는 알고리즘이라는 단어를 들을 때마다 '공장식 축산' 같은 개념이 떠올라요. 단일한 방식으로 소나 돼지, 닭을 키우는 것 말이에요. 요즘 사람들은 대다수가 알고리즘에 둘러싸여 있어요. 그러면 자신의 관심사가 아닌 다른 목소리를 듣기 어려운데 그걸 알아차리지 못해요. 아무도 묻지 않거든요. 그래서 공장식 축산처럼 생각의 종류가 줄어들고 단일화되는 느낌이 듭니다.

공장식 축산으로 인해 동물들이 면역력을 잃고 다양성에 취약한 구조가 되었다는 이야기를 들었습니다. 이와 비슷하게 인간의 정신도 대단히 취약한 상황에 놓여 있는 것은 아닐까요? 하늘의 파란색이 얼마나 다양한지를 모른 채 인간이 만들어 놓은 것들에 빠져 허우적거리고 있는 건 아닐까, 아이들은 현실에서 누구와 관계를 맺고 살아가게 될까 하는 걱정이

듭니다.

인간이 성장하면서 각 연령대별로 필요한 발달 과제들이 있고 그 과제들을 습득하는 데 있어서 인공지능보다는 사람이 훨씬 더 중요한 역할을 합니다. 이 당연한 사실을 어떻게 사람들에게 이야기해야 할까요? "그건 너한테만 중요하지, 난 아니야."라고 하는 사람이 더 많은 것 같아요. 선생님은 어떠신가요?

김성우 연령별 단계에 따라 필수적으로 갖추어야 할 발달 과제가 있다는 말씀에 깊이 공감합니다. 기본을 익히지 않고 화려함을 추구하다가 학습과 발달의 토대가 와르르 무너질 수도 있고요. 그런 면에서 인공지능 교육에서 발달적 관점의 도입은 필수라고 생각합니다.

그런데 한편으로는 새로운 것에 끌리는 건 인간 본성에 가깝다는 생각도 들어요. 내가 보지 못했던 것, 경험하지 못했던 걸 경험하면 거기에 끌리죠. 끌림 그 자체가 문제라기보다 모든 것이 인공지능으로 빨려 들어가는 듯 보이는 것이 더 문제 같습니다. 요즘에는 인공지능이 말 그대로 블랙홀 같아요. 교육뿐 아니라 사회, 경제, 노동, 예술, 제도 등 사회의 제반 영역이 인공지능에 빨려들어 가고 있달까요?

이런 때일수록 우리는 더 큰 세계를 봐야 해요. 더 많은 지능을 상상해야 하고요. 예를 들어, 우리는 동물의 지능에 대해 얼마나 알고 있죠? 동물뿐만 아니라 식물에도 지능이 있지요. 놀랍게도 식물 또한 환경 변화에 적극적으로 반응해요. 동식물, 미생물, 대기, 바다, 토양, 생태계, 나아가 우주가 살아 숨 쉬고 있어요. 인공지능이 블랙홀처럼 맹위를 떨칠수록 다종다양한 세계에 대한 호기심을 키우는 교육이 필요하다고 믿습니다.

아이들이 아직 잘 모르는, 알게 되면 끌릴 만한 것이 세상에 무척 많아요. 그런 것에 대해 문을 열어 주는 교육을 하면 좋겠어요. 제 주변에 교사가 무척 많습니다. 그런데 이분들의 이야기를 들어 보면 수십 년 전 입시 체제와 비슷한 방식으로 운영되는 고등학교가 여전히 많아요. 그러니까 학생들은 학교가 답답하고 학교에서 배우는 게 재미가 없고 매력적인 게 없다고 느껴요. 학교나 교과가 아닌 것에 끌리는 게 당연하죠.

무조건 즐겁고 신나기만 한 수업을 하자는 이야기는 아닙니다. 지금 상황에서는 인공지능을 현명하게 활용해서 학생들이 끌릴 만한 다양한 주제를 꺼내고 교실 수업의 재료로 쓰는 방법도 탐구할 만한 가치가 있다는 거죠. 많은 학생이 자연과학이나 인문·사회과학 지식에 끌리지 않는 이유가 그것들이 재미가 없어서, 학생들이 도파민 터지는 즉물적인 것만 찾아서라고 생각하지 않아요. 오히려 진지하게 물어야 할 것은 저를 포함해 우리 교사들이 가치 있는 지식을 학생의 삶과 상상력과 부딪치게 하는 수업을 하고 있는가예요. 어쩌면 저는, 그리고 한국의 시험주의와 능력주의는 학생들이 진짜 재미있고 중요한 주제들에 끌릴 기회 자체를 박탈하고 있는 것 아닐까 반성합니다.

10여 년 전의 일인데요, 한 학생이 학기가 끝나고 나서 저에게 "교수님은 왜 공부하세요?"라고 물어봤어요. 그런 질문을 받는 건 처음이었는데, 대답이 툭 튀어나오더라고요. "아무거나 사랑하지 않으려고요." 이후에 누군가 같은 질문을 하면 이렇게 답하곤 합니다. "짧은 인생인데 사랑할 만한 것을 사랑하다가 가야죠. 진실하고 아름다운 것들을요."

학생들에게 "인공지능은 세계를 변화시킬, 강력하고도 신기한 기술이니까 중요해."가 아니라 "세상에는 재미있는 것들이 너무나 많아. 인공지능은 그중 일부일 뿐이야."라고 말해 주고 싶어요. 인공지능에 갇히기보다는 더 큰 세계를 탐험할 수 있는 교육을 고민해야 하는 시기 아닐까요? 하기 싫은 과제를 뚝딱 해치우는 데 인공지능을 사용하는 것이 아니라, 인공지능을 경유해 자연과 우주를 탐색할 수 있는 역량을 키워 주어야 하는 것 아닐까요? 이미 하고 있는 선생님도 계시지만, 더 깊은 고민이 필요한 시기라고 생각해요.

천경호 가치라는 건 혼자 있을 때 만들어지는 것이 아니라 관계 속에서 만들어지지요. 그렇다면 아이들이 삶 속에서 맺는 관계들을 스스로 더 들여다볼 수 있게 해야 하지 않을까요? 그런 측면은 인공지능이 어떻게 도움을 줄 수 있을까요?

김성우 참 어려운 질문입니다. 여러 방법이 있을 텐데요, 우선은 간접적인 방식으로 가치를 탐구하는 데 도움을 줄 수 있을 것 같아요. 인공지능 자체를 둘러싼 여러 윤리적 이슈가 있습니다. 대표적으로 남반구 노동자들의 노동 착취 문제와 생태계 파괴 문제가 있죠. 에너지 고갈과 저작권 문제도 크고요. 이런 문제를 학습과 토론의 대상으로 삼는다면 특정한 기술을 사용할 때 윤리적으로 무엇을 고려해야 할지 선명하게 드러나게 됩니다. 인공지능은 단지 교육뿐 아니라 사회 전반에 영향을 미치고 있고, 각 영역에서 여러 논점을 발굴할 수 있기 때문에 가치를 교육하는 데 있어서 흥미롭고도 효과적인 주제라고 생각합니다.

다음으로는 수업과 인공지능을 연결해서 말씀드리고 싶어

요. 작문 교육을 예로 들어 볼게요. 많은 학생이 글쓰기를 두려워하거나 어려워해요. 어떤 학생들은 말은 잘하는데 글을 쓰려고 하면 단어조차 생각나지 않는다고 해요. 글쓰기 자체가 두려움의 대상인 거죠. 그렇다면 어떻게든 심리적인 걸림돌을 제거해야 합니다.

이때 인공지능을 부분적으로, 적재적소에 통합할 수 있다고 생각합니다. 예를 들어 글쓰기가 친숙하지 않은 세 학생에게 영상을 본 뒤 자유롭게 토론하도록 합니다. 이를 녹음해서 클로바노트와 같은 도구로 텍스트로 변환해요. 이후에 그 텍스트 전체를 읽고 여기서 어떤 내용이 나왔는지 요점을 정리해 보라고 하고, 이렇게 나온 개요를 인공지능에 넣어 글을 생성하도록 합니다. 이렇게 나온 초안을 교사가 학생들과 함께 읽으면서 자신들의 아이디어가 어떻게 텍스트로 변신했는지, 그 가운데 어떤 언어적, 수사적 장치가 작동하는지, 말과 글의 차이점은 무엇인지 등에 대해 이야기합니다. 학생들이 편하게 느끼는 대화 즉 구어의 강점을 충분히 활용하고, 인공지능이 초안을 만들도록 하고, 교사가 적기에 개입을 하는 거죠.

이때 중요한 건 처음부터 끝까지 모든 걸 학생에게 맡겨서는 안 된다는 겁니다. 아무런 제약이 없다면 그냥 인공지능이 뚝딱 만들어 준 초안을 제출할 가능성이 높죠. 그런데 "너희들이 사용했으면 하는 프롬프트 몇 개가 있어. 예를 들면 대화록에서 키워드를 추출해 달라고 하든가 중복되는 내용은 다 삭제해 달라고 해 봐. 세 명의 의견에서 공통점과 차이점은 무엇인지 표로 정리해 보는 것도 좋겠어."라면서 가이드라인을 줄 수 있어요. 이렇게 하면 글쓰기를 무조건 거부하거나 두려워했던 학생들도 자신이 말한 것을 기반으로 무언가 만들어 낼 수 있죠.

또 다른 예를 들어 볼까요? 영어를 잘 못하는 학생인데, 웹툰 작가가 꿈이어서 그림을 끼적이고 거기에 대사를 입히는 걸 좋아해요. 이 학생에게 영어로 자기소개를 하는 말하기 수행평가가 주어졌다고 생각해 봅시다. 그러면 그 학생은 생성형 인공지능에게 '이러이러한 내용으로 내 소개를 영어로 써 줘.'라고 입력해서 글을 뽑아낼 가능성이 높습니다. 그런데 교사가 다른 방식을 제안할 수 있죠. "너는 웹툰을 좋아하고 그림도 잘 그리니까 너를 소개하는 네 컷 만화를 한번 그려 봐." 자기소개를 만화로 그린 뒤 그걸 인공지능 프로그램에 업로드하면서 인공지능에게 "이 만화의 주인공이 어떤 사람인지 말해 줘."라고 요청해 보는 거예요. 인공지능이 써낸 글 중 맞는 것도 있고 틀린 것도 있을 거예요. 혹은 그 학생이 말하고 싶었는데 들어가지 않은 것도 있을 테고요. 이때 인공지능과의 상호작용으로 글을 다듬고 영어로 번역해서 발표 스크립트를 만들 수 있습니다. 이후 발표할 때는 학생이 직접 그린 웹툰을 적극 활용하도록 하고요. 직접 그린 그림이 발표의 핵심 자원이 되는 거죠.

그러니까 처음부터 글로 시작하는 게 아니라 이 학생이 좋아하는 웹툰 그리기에서 시작해서 글쓰기로 나아가 봅니다. 전통적인 방식의 텍스트 중심 글쓰기에서는 아이디어를 떠올리거나 글쓰기 재료를 먼저 모아야 하는데, 인공지능을 통해 글쓰기에 접근하는 다양한 통로들을 열어 주는 겁니다. 발표할 때는 학생의 정체성을 명확하게 보여 줄 수 있는 원재료인 웹툰을 전면에 내세우는 방식을 취함으로써 발표자로서의 주인의식과 자부심을 키울 수 있겠고요. 보편적 학습 설계의 관점에서 각자의 다름을 인정하면서 그것을 해당 교과의 목표와 어떻게 잘 연결할 것인가, 어떻게 다리가 되게 할 것인가를 고민한다면 인공지능을 지혜롭게 활용할 방법이 나올 겁니다.

저는 인공지능을 생산성과 효율성의 관점을 넘어 정체성과 관계성의 관점에서 이해해야 한다고 생각해요. 인공지능이 단지 도구로 기능하는 것이 아니라 우리의 존재와 상호작용을 변화시키기 때문이죠. 인간 대 인간의 관계, 인간과 세계의 관계, 인간과 학습의 관계를 변화시키면서 결국 우리 자신의 사고와 감정, 사회성을 바꾸게 하니까요. 이 점을 염두에 두면서 저와 여기 계신 선생님들이 더 나은 교수 학습을 만들어가면 좋겠습니다. 감사합니다.

덧붙이는 글

AIDT가 교육 격차를 해결할 수 있을까?

— 천경호

인공지능의 눈부신 발달이 모두의 시선을 빼앗고 있습니다. 인공지능 기술의 진보를 알리는 뉴스가 하루가 멀다 하고 등장합니다. 남들은 다 알고 나만 모르는 기술이 등장하지는 않을까 싶어 시간을 들여 인공지능 관련 애플리케이션을 깔고 써 보지만 익숙해지기도 전에 금방 새로운 기술이 등장합니다. 이쯤 되면 기술 발달을 따라가기를 포기하는 것이 현명한 일일지도 모릅니다.

그런데 잠시 멈춰서 생각해 보죠. 지금 이 순간 등장한 새로운 기술을 습득하지 못하는 것은 시대에 도태되는 일일까요? 어쩌면 인공지능으로 인해 우리가 할 수 있는 기능을 잃어버리는 것이 더 심각한 문제 아닐까요? 인공지능이 교육에 미치는 영향에 관한 제 질문은 바로 이 지점에서 시작합니다. 아이들이 인공지능 기술 사용에 능숙해질수록 습득해야 할 기능을 잃어버리는 것은 아닐까 하는 우려 때문입니다.

교육부는 2023년 10월 24일 "교과용도서에 관한 규정"의 "서책·음반·영상 및"을 "서책, 지능정보화기술을 활용한 학습지원 소프트웨어(이하 "디지털 교과서"라 한다)"로 개정했습니다. 그리고 2025년부터 전국 초중고학교에 AIDT를 전면 도입하도록 했습니다. 한국교육학술정보원에 따르면 "학생 개개인의 능력과 수준에 맞는 맞춤 학습 기회를 지원할 수 있도록 인공지능을 포함한 지능정보화 기술을 활용하여 다양한 학습 자료 및 학습 지원 기능 등을 탑재"한 것이 AIDT라고 합니다.

AIDT는 학습자가 입력한 값에 따라 학습자의 능력이나 수준을 측정하고 그에 맞는 학습 기회를 제공합니다. 교사 개개인은 AIDT를 통해 취합된 학습자 정보 데이터를 기반으로 학생의 능력이나 성취를 한눈에 알아볼 수 있겠죠. 아이들 역시 자신이 모르는 것이 무엇인지 즉시 파악이 가능하고 AIDT의 도움을 받을 수 있을 것입니다.

이 글에서는 많은 교사가 아이들이 모르는 것을 모른다고 말할 수 있고, 또래 교수법을 통해 서로 가르쳐 줄 수 있는 학급 분위기를 만드는 데 있어서 개별 맞춤형 학습에 최적화된 AIDT가 어떤 영향을 미칠지, 교사가 학생 개개인의 반응을 관찰해 학습의 정도나 학습 기능의 수준을 인식하기보다 AIDT를 수집된 데이터에 의존할 경향성, 데이터의 신뢰도 등의 문제는 논외로 하겠습니다. 저는 만 8~9세에 해당하는 초등학교 3, 4학년 아이들이 인공지능 기술을 접하는 것이 과연 교육적으로 적합한지, AIDT는 과연 전면 도입을 할 수 있을 만큼 충분한 연구와 논의가 뒷받침되었는지, 실제 수업에는 어떤 영향을 미칠지를 살펴보고자 합니다.

실행 기능의 세 요소

모두 아시는 바와 같이 인간의 뇌는 오랜 기간에 걸쳐 성장하고 발달합니다. 시간이 지나며 자연스레 성장하지만 적절한 환경에 노출되어야 최적의 기능을 발휘하도록 발달하지요. 높은 수준의 기능은 낮은 수준의 기능을 습득해야 얻을 수 있습니다. 세계보건기구WHO에서 발행하는 『국제 기능·장애·건강 분류ICF, International Classification of Functioning, Disability and Health』에서는 인간의 건강한 삶에 필요한 요인을 신체 기능과 구조,

활동, 참여 등으로 나누어 설명하고 있습니다.

2016년에 나온 ICF 2차 개정판의 한글 번역본에는 다음과 같은 내용이 소개되어 있습니다. 우리가 배운 지식을 적용하려면 주의 집중하기—생각하기—읽기—쓰기—계산하기—문제 해결하기—의사 결정하기 등과 같은 기능을 습득해야 한다는 것입니다. ICF에서는 각 기능을 코드로 나열하여 쉬울수록 앞에, 어려울수록 뒤에 배열하는 논의를 전문가들이 계속 이어 오고 있습니다. 어릴수록 앞에 소개된 기능을, 우리의 뇌가 성인 수준에 도달하는 나이가 될수록 뒤에 소개된 기능을 습득한다는 뜻입니다.

그런데 이와 같은 기능을 습득할 필요가 사라진다면 어떨까요? 스스로 질문을 만들지 않아도 인공지능이 알아서 질문을 만든다면? 중요한 내용을 정리하고 표현하고 결정하는 과정을 인공지능이 대신해 준다면? 우리 인간은 이와 같은 기능을 습득하려 할까요, 아니면 인공지능에 의존하려 할까요?

아이들은 어른들과 달리 뇌의 신경세포인 뉴런과 뉴런을 연결하는 시냅스의 수가 많습니다. 시냅스는 자극을 받으면 전기신호를 내는데, 전기신호를 내려면 에너지가 필요하고, 에너지를 발생시키려면 산소가 필요합니다. 그래서 이에 관한 연구를 할 때는 fMRI functional Magnetic Resonance Imaging, 기능성자기공

명영상나 EEG Electro-EncephaloGraphy, 뇌파 검사의 일종 와 같은 검사를 통해 우리 뇌의 어느 부위가 어떤 자극과 반응에 의해 활성화되는지 측정합니다.

연구에 따르면 아이들은 뇌에서 사용하는 에너지가 전체의 50퍼센트에 가깝다고 합니다. 약 20퍼센트에 불과한 어른에 비해 지나치게 많기에 시냅스를 줄이고자 아이들의 뇌에서는 영아기와 아동·청소년기의 2차에 걸쳐서 불필요한 연결을 정리하는 가지치기 pruning 가 일어난다고 합니다. 우리 사회에서는 뇌가 발달 중인 아이들을 유해한 환경으로부터 보호하기 위해 영상물등급심의위원회를 만들어 건강한 성장과 발달을 저해하는 영상물과의 접촉을 제한하고, 학교 인근에 유해 시설이 들어오지 못하도록 하고 있습니다. 또 아이들을 가르치는 교원의 양성과 자격 검증 및 임용 과정을 국가에서 직접 관리하고 있지요.

미국 질병예방통제센터에서는 아동기의 부정적 경험 ACE, Adverse Childhood Experiences 이 성인기에 겪는 신체, 인지, 정서적 어려움의 원인이 된다고 할 만큼 아이들이 자라나는 시기에 적절한 환경을 제공하는 것이 매우 중요하다고 합니다. 특히 실행 기능 executive functions 의 발달이 글을 깨우치거나 셈하기를 할 줄 아는 것보다 더 중요하다고 이야기하고 있습니다.

실행 기능은 크게 세 가지로 구성되어 있습니다. 첫째 억제 조절inhibitory control입니다. 자극 억제라고도 불러요. 수업은 대부분 두 가지 감각기관을 통해 이루어집니다. 주로 시각 자극과 청각 자극이죠. 수업 중에 복도에서 누군가 지나가며 대화하는 소리가 교실로 전달되기도 합니다. 이때 학생이 교사의 목소리라는 청각 자극에 주의를 선택하고, 선택한 주의를 지속하려면 교실 밖에서 들려오는 소리 자극을 억제해야 합니다. 자극 억제가 잘되지 않으면 작은 자극에도 주의를 돌리게 됩니다. 그럴 때 우리 교사들은 집중하라고 하죠. 선생님 이야기를 경청하라고요. 이는 어른들에 비해 실행 기능이 약한 아이들에게, 어른도 하기 힘든 집중을 요구하는 겁니다. (따라서 초중고 교실은 차음, 방음, 흡음 처리 기준이 성인들의 사무실보다 더 좋아야겠지만 안타깝게도 우리나라 학교 건물은 공공기관 중 교도소보다도 더 저렴한 건축비로 지어지기 때문에 외부 소음도, 우리 반 소리가 옆 교실에 전달되는 것도 막지 못하는 게 현실입니다.)

다음으로 작업 기억working memory입니다. 지식이나 정보를 기억하고 기억한 정보를 사용하는 능력을 작업 기억이라고 하지요. 초등학교 1학년 아이들이 하는 받아쓰기가 바로 작업 기억을 활용하는 사례입니다. 교사가 말한 문장을 듣고 글로 옮겨 쓰는 과정은 곧 기억한 것(문장)을 작업하는(글로 쓰는) 것이니까요. 우리가 글을 읽고 중요한 내용을 간추리거나, 설명서를 읽고 물건을 조립하거나, 유튜브 영상을 보고 동작을 따라 하는 것도 전부 작업 기억이 쓰이는 장면입니다. 작업 기억에서 제일 먼저 해야 할 것이 무엇일까요? 바로 기억하는 것입니다.

작업 기억으로 최대 일곱 개의 정보를 기억한다고 해요. 그래서 학생들은 기억량을 늘리기 위해 덩이 짓기chunking라는 방법을 쓰기도 해요. 예를 들어 조선 시대 왕의 순서를 기억할 때 왕 이름의 첫 글자를 따서 '태종태세문단세…'로 외우면 첫 글자에 이어지는 나머지 글자가 떠오르게 만드는 식으로 기억량을 늘리는 것입니다.

기억량이 늘어날수록 의사소통의 기본이 되는 대화의 맥락을 이해하는 데 도움이 됩니다. 앞서 일어난 사건이 지금 벌어진 일의 원인이 된다는 걸 알려면 앞서 벌어진 사건을 기억하고 있어야 하니까요. 아이들은 어릴 때 글이 없는 그림책에서 글이 있는 그림책으로, 다시 그림이 적고 글이 많은 동화책으로, 그다음에는 글만 있는 동화책으로 나아가며 자연스럽게 한 번에 기억할 수 있는 정보량을 늘려 갑니다.

늘어난 기억량에 의해 대화나 상황의 맥락을 더 잘 이해할수록 의사소통 과정에서 오해가 줄어듭니다. 아이가 어릴 때 자주 대화를 해야 하고, 책을 읽어 주어야 하는 이유도 이처럼 앞서 기억한 사실이나 정보가 지금 나와 내 주변을 둘러싼 환경에 어떤 영향을 미치는지 생각(작업)하는 연습을 자연스레 할 수 있기 때문이 아닌가 합니다.

마지막으로 과제 전환task shifting 혹은 인지적 유연성cognitive flexibility이 있습니다. 밥 먹을 때 밥을 먹고, 공부할 때 공부하고, 놀 때 놀 줄 아는 것입니다. 하지만 어릴수록 과제 전환이 어렵습니다. 밥 먹을 때가 되었는데도 계속 놀고 싶어서 떼를 씁니다. 이때에는 자기 조절이 필요합니다. 더 중요하고 해야 하는 일에 집중하며 상황 변화에 적절하게 대응하는 능력이라고 할 수 있죠.

사실 많은 사람이 동시에 두 가지 일을 할 수 있다고 생각하지만 이는 착각입니다. 한 번에 한 가지밖에 할 수 없죠. 영화를 보면서 대화하면 영화 속 장면을 놓치기 쉽습니다. 제가 이 글을 집중해서 쓰고 있는데 갑자기 전화기가 울리거나 문자 메시지가 오면 제 주의력이 분산됩니다. 미국 프린스턴대학교의 연구진은 이렇게 주의력이 흐트러졌다가 본래의 주의력 수준으로 돌아오려면 평균 23분이 필요하다고 밝혔습니다. 따라서 정해진 시간에 최대의 효율을 보이려면 불필요한 외부 자극을 최소화해야 하죠.

또 과제 전환을 잘하려면 한 과제를 끝낸 후 적절한 휴식이 필요합니다. 호주 퀸즐랜드대학교의 연구에 따르면 40~50분 동안 가만히 앉아 있을 때 신진대사 속도가 약 50퍼센트 줄어든다고 합니다. 신진대사 속도가 절반으로 감소하고 혈액 순환이 둔화되는 거죠. 그럼 뇌로 향하는 혈류가 줄어들고, 줄어든 혈류량만큼 뇌에 공급되는 산소량도 줄어들겠죠. 사람은 누구나 장시간 높은 수준의 스트레스에 시달리면 짜증을 냅니다. 시험을 앞두고 책상 앞을 떠나지 못하는 수험생이나, 하루 종일 어린아이를 돌보는 양육자, 긴 노동에 시달리는 노동자 혹은 하루 종일 소비자의 민원에 시달리는 콜센터 직원을 떠올려 보세요. 새로운 과제로 전환이 어렵거나 인지적으로 경직된 경우가 많습니다.

AIDT는
실행 기능 발달에 효과적일까

아이들의 실행 기능을 잘 길러 내려면 자랄 때 억제 조절, 작업 기억, 과제 전환 혹은 인지적 유연성이 잘 길러지는 환경을 만들어 주는 것이 중요합니다. 그렇다면 교육부에서 세계 최초로 도입하려는 AIDT가 아이들의 실행 기능을 키우는

데 어떤 영향을 미칠지 생각해 보겠습니다. AIDT는 1인 1교과서를 구독하므로 1인 1디바이스 사용이 기본입니다. 필요한 만큼 구독하는 것이 아니라 서책형 교과서를 구입하여 배포하듯 학급 구성원 수만큼 AIDT 구독료를 지불해야 한다는 뜻입니다. 그렇다면 1만 원 정도인 서책형 교과서에 3만~5만 원 정도인 AIDT까지, 학년별로 4만~6만 원에서 8만~12만 원 정도의 교과서 구입 비용*을 지출해야 할 만큼 AIDT가 아이들의 건강한 성장 발달에 도움이 될 것인지를 교과서 선정 위원회에 참여하는 학교 교사로서 살펴보아야겠지요.

먼저 1인 1디바이스를 써야 하는 교실 환경을 예로 든 연구**를 하나 살펴보겠습니다. 이 연구에 따르면 1인 1기기를 쓰는 경우 주변 친구들의 주의를 산만하게 만들고, 이는 학습을 저하시킬 수 있다고 합니다. 또한 이 연구에서는 수업 내용을 숙달하는 데 도움이 되는 방식으로 쓰는지, 수업과 관련 없는 작업을 하는 데 쓰는지에 따른 학습의 차이를 살펴보았습니다.

* 「인공지능 AI 디지털 교과서의 신학기 안정적 도입을 적극 지원하겠습니다.」 교육부 보도 자료, 2025.02.20.
** Amanda C.G. Hall, Tara T. Lineweaver, Eileen E. Hogan, Sean W. O'Brien,(2020). On or off task: The negative influence of laptops on neighboring students' learning depends on how they are used, Computers & Education, Volume 153, 2020.

짐작하시는 바와 같이 수업에 참여할 때 공동으로 주의를 기울여야 하는 활동 이외에 다른 곳에 주의를 기울일 경우 과제 전환이 일어나고, 잦은 과제 전환은 필연적으로 학습 효율을 떨어뜨렸습니다. 바로 이런 모습을 두고 주의가 산만하다고 하죠.

따라서 교사는 학습의 목적으로만 쓰도록 학생의 디지털 기기를 통제합니다. 이번에는 두 번째 문제에 부딪칩니다. 시야각 때문입니다. 시야각은 시야의 범위와 각도를 말하는데 양 눈으로 볼 수 있는 각도가 114도 정도라고 합니다. 한쪽 눈이 커버하는 각도는 약 200~220도고, 양쪽 눈의 시야각이 겹쳐지는 범위가 114도 정도죠. 티브이나 휴대폰 등을 보고 있는데 누군가 옆에서 어른거리면 신경이 쓰입니다. 그 시각적 자극이 만들어 내는 보고 싶은 욕구를 억제하느라 눈앞에 펼쳐지는 장면에 집중할 수 없어요. 마찬가지로 학생들도 가까이 있는 짝이나 모둠 친구의 디바이스 화면 움직임이 눈에 들어오면 주의가 산만해진다는 겁니다. 내 디지털 기기 화면에 집중하지 못하고 다른 화면에 시선이 갈 확률이 높아지기 때문이죠. 아이들은 어른에 비해 아직 실행 기능이 발달하는 과정에 있으니까요.

문제는 여기서 그치지 않습니다. 주의 산만이 전염된다는 연구가 있습니다. 2024년 미국심리학회America Psycology Association 에서 발표한 연구*에 따르면 주의가 산만한 동료 옆에 앉아 있을 때 부주의함이 더 잘 전염된다고 합니다. 수업에 집중하지 못하고 딴짓하는 친구의 행동이 눈에 들어오면 더불어 주의가 산만해지는 거죠. 그래서 1인 1디지털 기기가 아니라 두세 명당 하나의 기기를 사용하도록 하는 것이 학습에 더 효과적이라고 합니다.

AIDT 관련 국내 연구 중에서는 아직 실행 기능과 관련된 연구가 없는 것으로 압니다. 그래서인지 AIDT의 필요성을 주장하는 이들이 언급하는 연구들에 따르면 AIDT가 학업 성취에 더 도움이 된다고 합니다. 이와 관련하여 미국 펜실베이니아대학교의 와튼스쿨The Wharton School에서는 생성형 인공지능의 경우 학습에 부정적이라는 연구**를 발표했습니다. 그 연구에서는 고등학생 약 1000명을 대상으로 생성형 인공지능이 수학 수업 학습에 미치는 영향을 살펴보았는데 기

* Forrin, N. D., Kudsi, N., Cyr, E. N., Sana, F., Davidesco, I., & Kim, J. A. (2024). Investigating attention contagion between students in a lecture hall. *Scholarship of Teaching and Learning in Psychology*.

** Bastani, Hamsa and Bastani, Osbert and Sungu, Alp and Ge, Haosen and Kabakcı, Özge and Mariman, Rei, Generative AI Can Harm Learning (July 15, 2024). The Wharton School Research Paper, Available at SSRN: https://ssrn.com/abstract=4895486 or http://dx.doi.org/10.2139/ssrn.4895486

본 GPT를 사용한 학생은 47퍼센트 더 높은 성취를, 튜터형 GPT를 사용한 학생은 127퍼센트 더 나은 성과를 보여 주었으나 시간이 지난 후에는 오히려 수학 실력이 급격히 떨어졌다고 합니다. 그 이유는 인공지능에 의존하는 성향이 생겼기 때문이라고 하지요.

또 정보 검색이 쉬워질수록 검색하는 경로를 기억할 뿐 정보 그 자체를 기억하지 않을 가능성이 더 높습니다. 검색 엔진의 기능이 좋아짐에 따라 모르는 것을 빠르게 찾지만 검색한 내용을 기억하기보다 검색하는 경로를 기억하는 것이 인지 에너지 소모가 적어서 우리 뇌의 입장에서는 단기적으로 더 효율적이거든요. 이는 결국 학습에도 부정적 영향을 미칩니다.

이를 통해 어른에 비해 실행 기능이 덜 발달한 아이들에게 인공지능 기능을 제공할수록 아이들이 더 빠르게 인공지능에 의존할 가능성이 높다는 것을 예측할 수 있습니다. 그래서일까요? 영국 학술지 《교육공학》에 실린 인공지능과 학업 성취에 관한 한 메타 연구에 따르면 초등학생이나 중학생보다 고등학생에게 인공지능이 더 효과적*이라고 합니다. 실행 기능

---

* Rong Wu, Zhonggen Yu (2023). Do AI chatbots improve students learning outcomes? Evidence from a meta-analysis. *British Journal of Educational Technology* Volume 55, Issue 1, January 2024, 10-33.

의 발달이 성인에 가깝기 때문이 아닐까 싶습니다.

인공지능 기능을 활용한 튜터 코파일럿이 새로운 교원을 양성하는 비용보다 더 적은 비용으로 더 나은 효과를 거둘 수 있다는 미국 스탠퍼드대학교의 연구*도 있습니다. 양질의 교원 양성 과정을 거치지 못한 교원이 가르치는 지역 아동의 교육 격차를 해소하는 데 효과적이라는 것이죠. 우리나라는 여기에 해당하지 않습니다. 국가가 지정한 4년의 정규 교원 양성 과정을 거친 사람에 한해 교원 임용 과정을 통해 양질의 교원을 선발하고 있으니까요.

정리하면 인공지능은 초등학교 3, 4학년 학생의 단기적인 학업 성취에 효과적일 수 있습니다. 또 모든 학급 학생이 아닌 학습에 참여하기 어려운 발달을 보이는 학생을 대상으로 한 소규모 개별 학습에 보다 효과적일 수 있습니다. 초등학생, 중학생에 비해 고등학생에게 보다 더 효과적일 수 있고, 이주 배경 학생이나 특수교육 대상 아동의 교과 부진을 해결하는 데 더 바람직한 효과를 가져올 것으로 예상할 수 있습니다.

반면 학습에 주된 영향을 주는 실행 기능 발달에는 어릴수

---

* Wang, Rose E., Ana T. Ribeiro, Carly D. Robinson, Susanna Loeb, and Dorottya Demszky. (2024). Tutor CoPilot: A Human-AI Approach for Scaling Real-Time Expertise. (EdWorkingPaper: 24 -1056).

록, 모든 학생을 대상으로 인공지능 기능을 사용할수록, 개별 기기를 사용할수록 부정적이라는 것을 추측할 수 있습니다. 기술 발달이 학생의 기능을 상실하게 만드는 원인이 될 수 있다는 뜻이죠. 이 역시 AIDT가 실행 기능에 미치는 영향을 측정하는 후속 연구가 뒤따라야 정확히 알 수 있습니다. 지금으로서는 AIDT가 학생의 실행 기능 발달에 미치는 영향이 무엇인지 충분히 알 수 없다는 뜻이기도 합니다.

교육 격차는 학업 성취도의 차이일까

학교 현장에서 AIDT를 접할 수 있었던 것은 2024년 12월의 일입니다. AIDT가 학생의 실행 기능에 미치는 영향을 측정할 시간이 거의 없었다는 뜻입니다. 모두를 위한 맞춤형 교육을 실현하겠다는 AIDT 사업이, 학생의 실행 기능이라는 인지 발달에 어떤 영향을 주는지 충분한 연구 없이 추진되고 있다는 뜻이죠.

인간의 신체에 영향을 주는 의약품을 개발할 때 오랜 기간에 걸쳐 임상 시험을 합니다. 어떤 부작용이 있을지 모르기 때문에 충분한 실험을 통해 약의 효과와 부작용을 오랫동안 추적 조사하는 과정을 거칩니다. 식약처의 검증이 끝나고 나서 발매가 된 이후에도 약을 처방받은 사람들의 반응을 살피고 심각한 부작용이 발견되면 약을 폐기 처분하기도 합니다.

학생 건강과 발달에 미치는 교육 정책은 어떤가요? 연령대별로, 지역별로, 계층별로 충분히 실험과 연구를 거쳐 학생의 성장 발달에 가장 효과적이라고 검증된 정책을 실시하고 있을까요?

행정안전부 국가기록원에 'AI 디지털 교과서'를 키워드로 검색하면 1997년부터 시작된 디지털 교과서 기초 연구부터 시작해서 디지털 교과서 개발 과정이 잘 소개되어 있습니다. 그런데 여기에는 교육부가 디지털 교과서 사업을 추진해 온 경과만 소개되어 있을 뿐 학생의 건강한 성장 발달에 적합한지를 살피는 연구를 소개한 내용은 없습니다.

2025년 3월 1일 기준으로 학술연구정보서비스 RISS 에도 AIDT와 실행 기능을 키워드로 한 연구는 없습니다. 당연한 일입니다. AIDT가 지난 2024년 12월에야 처음 학교 현장에 등장했기 때문입니다.

그럼에도 불구하고 교육부에서는 AIDT에 대한 기대가 큰 것 같습니다. 지난 2024년 12월 2일에 교육부의 한 고위 관료는 AIDT를 통해 "사교육에 계속 뒤지는 공교육에 대한 국민의 신뢰를 다시 가져오는 계기"를 만들겠다*고 하였습니다. 아마 AIDT를 통해 교육 격차를 줄일 수 있다는 이주호 교육부 장관의 발언 때문이 아닌가 생각합니다. 교육부 장관은 「AI 활용 맞춤형 교육의 교수·학습 효과성 연구」**를 토대로 AIDT가 교육 격차를 해소한다고 이야기합니다.

연구 제목에서 짐작할 수 있듯이 이 연구에서 이야기하는 맞춤형 학습에서는 다수의 학생과 1인의 교사와 같은 물리적 제한 때문에 교육에서 학습자의 개인적 특성을 충분히 반영하지 못한다는 주장 아래, 학생에게 최적화된 학습을 제공하기 위해 기술적으로 개별 학습 과정을 모니터링할 수 있도록 합니다. 학습자의 학습을 진단하여 성취 수준과 학습 현황을 바탕으로 개인화된 맞춤 콘텐츠를 자동 문항 생성 시스템과 자동 채점 시스템으로 구현하는 것입니다.

이 연구에서는 이것이 학습에 효과가 있다고 밝혔지만 이 연구의 결과를 토대로 AIDT의 효과를 이야기하기는 무리가 있습니다. 자동 문항 생성 및 채점 시스템이란 표현에서 알 수 있듯이 인공지능 활용 맞춤형 교육에서 사용한 인공지능은

---

* 「AI 교과서 처음 공개, 챗봇 오류 등 개선했다지만…」, YTN, 2024.12.02.
** 「AI 활용 맞춤형 교육의 교수·학습 효과성 연구」, 경기도교육연구원, 이은주·손찬희·정영식·임서은, 2023.

AIDT가 아니라 인공지능 코스웨어입니다. 이는 똑똑수학탐험대나 인공지능 펭톡과 같은 개별 학습 도구입니다. 많은 시범학교 대상 교사 중 그것을 활용한 비중은 49.2퍼센트에 불과했으며 그것을 사용하지 않은 가장 큰 이유는 필요성을 느끼지 못한다는 것이었습니다. 이는 인공지능 코스웨어 활용 학습이 학교 수업 내에서가 아니라 주로 방과 후 개별 학습이나 가정 내 보충 학습 활용 상황에서 이루어졌기 때문입니다. 그뿐만 아니라 AIDT가 교육 격차를 해소할 것이라는 일부의 주장과 달리, 이 연구에서는 보호자의 관심이 높을수록, 선호하는 과목이 있을수록, 성적 수준이 높을수록 역량 변화가 큰 것으로 나타났습니다. 인공지능 코스웨어 역시 성적이 높고 보호자의 관심이 높은 계층의 아이들에게 더 효과적이었다는 뜻입니다.

  수업은 인공지능 코스웨어처럼 학습 내용을 기억하고, 기억한 정도를 측정하는 것만으로 이루어지지 않습니다. 수업은 공부한 내용을 바탕으로 자신의 생각을 말과 글로 표현하며, 서로의 생각을 이해하고 보다 나은 방향으로 의견을 발전해 나가는 과정입니다. 무엇을 얼마나 아느냐보다 알고 있는 지식이나 정보가 거짓인지 참인지 판단할 수 있는 역량이 더 중요합니다. 또한 학교에는 그보다 더 중요한 맞춤형 교육이 필요합니다. 무엇을 얼마나 아느냐, 자신이 아는 것이 틀릴 수 있다는 태도를 갖느냐보다 더 중요한 것, 그것은 나와 다른 타인과 더불어 살아갈 수 있는 역량을 기르는 일입니다.

우리 사회에서는 교육 격차를 주로 학업 성취도 차이로 이해합니다. 그런 생각 아래에서는 학생의 능력과 수준을 빠르게 진단하고 그에 적합한 코스를 맞춤형으로 구성하여 학습자의 능력과 수준에 적합한 학습 경로를 제공하는 것이 교육 격차, 즉 학습 격차를 줄이는 가장 효과적인 방법이라고 할 수 있습니다. 그런데 정말 교육 격차가 곧 학습 격차일까요? 그래서 사교육 시장이 공교육보다 앞서 있는 것일까요?

AIDT와 학생 맞춤형 통합 지원 체제 구축, 어디에 예산을 써야 할까

해가 갈수록 학령인구가 줄어들고 있습니다. 반면에 이주 배경 학생과 특수교육 대상 아동은 급격히 증가하고 있습니다. 다양한 사회적 배경을 가진 아이들이 교실이라는 하나의 공간에서 초중고 12년을 함께 지내야 합니다. 이들은 어떤 어려움을 겪고 있고, 그 어려움을 해소하기 위해 어떤 지원을 해 주어야 할까요?

13.6퍼센트. 지능 관련 연구에 따르면 연령대별로 경계선 지능을 가진 이들의 비율이 이렇다고 합니다. 그렇다면 2024년 초등학교 취학 대상 아동 36만 9441명 중 5만 244명이 경계선 지능을 가진 아이들이라 할 수 있습니다. ADHD 발생률은 약 3~5퍼센트라고 하니 약 1만 4777명의 아이가 ADHD를 갖고 있다고 할 수 있겠죠. 자폐는 어떨까요? 전 세계 아동의 자폐성 장애 발생률은 2퍼센트 정도입니다. 그렇다면 2024년에 입학한 초등학생 중 7389명 정도가 자폐성 장애를 갖고 있다고 할 수 있습니다.

그렇다면 누가 경계선 지능인지 ADHD인지 자폐인지 언제, 어떻게 알 수 있을까요? 이 아이들은 학교에서 어떤 어려움을 주로 겪고, 그 어려움을 해소하기 위해 학교와 가정은 어떤 지원을 해 주어야 할까요? 어떻게 해야 이와 같이 다양한 발달 경로를 거치는 아이들이 교실 안에서 서로를 이해하고 함께 어울려 살아가도록 도울 수 있을까요?

AIDT를 구독하는 비용은 서책형 교과서를 구입하는 비용보다 최소 세 배에서 많으면 다섯 배가 넘습니다. 잘 아시겠지만 AIDT를 구독할 경우 서책형 교과서 또는 AIDT 둘 중 하나를 쓰는 것이 아니라 서책형 교과서와 AIDT를 함께 써야 합니다. 교과서 구입에 지출되는 비용이 급증하는 것이죠.

2025년 2월 20일에 발표된 교육부 보도 자료에 따르면 초등 수학 AIDT 가격은 1, 2학기 각 3만 1500원에서 4만 250원 사이입니다. 1년이면 6만 3000원에서 8만 500원이죠. 초등 영어 AIDT는 4만 2500원에서 5만 3750원까지입니다. 이를 2024년 초등학교 취학 대상 아동 수만큼 곱하면 수학 교과서는 기존 서책형 교과서 구입비에 더하여 수학 AIDT 구독료만 최소 232억 7478만 3000원에서 297억 4000만 500원의 비용이 추가됩니다.

영어 AIDT 구독료는 최소 157억 124만 2500원에서 최대 198억 5745만 2750원의 비용이 더해집니다. 서책형 교과서와 AIDT 구독을 함께해야 하니까요. 수학과 영어를 합치면 최소 389억 7602만 5500원에서 최대 495억 9745만 3250원이 들고, 초등 3, 4학년 학생 수가 같다고 했을 때 최소 약 800억에서 1000억 원의 추가 비용이 지출된다고 할 수 있습니다.

이는 전국 모든 초등학교가 AIDT를 사용한다고 가정할 때 해마다 AIDT로 인해 교과서를 추가로 구입해야 하는 비용입니다. 수학과 영어에 한정하여 초등 전 학년이 모두 사용한다고 했을 때는 최소 2400억에서 3000억 원 정도의 비용을 추가 지출해야 합니다. 과연 교육 격차 해소를 위해 3000억 원의 예산을 AIDT에 투입해야 하고, 투입한 예산은 그만큼 교육 격차를 해소하는 효과를 가져올까요?

우리나라 교육은 '홍익인간'의 이념을 바탕으로 하고 있습니다. 교육기본법 제2조에 따르면, 모든 아이가 훌륭한 사람이 되도록 몸과 마음을 닦고 기르며 스스로 살아갈 능력과 민주 시민으로서 필요한 자질을 갖추게 함으로써 인간다운 삶을 영위하고 민주국가의 발전과 인류가 함께 번영하는 이상의 실현에 이바지하도록 가르치는 것을 우리나라 교육의 목적으로 하고 있습니다. 또 교육기본법 제4조 제1항에 따르면 모든 아이는 "성별, 종교, 신념, 인종, 사회적 신분, 경제적 지위 또는 신체적 조건 등을 이유로 교육에서 차별을 받지 아니"합니다.

늘어나고 있는 이주 배경 학생과 특수교육 대상 아동이 교육에서 차별받지 않도록 돕는 것이 곧 교육 격차 해소를 위한 일입니다. 이처럼 다양한 사회 문화적 배경과 발달 양상에 놓인 아이들이 모여서 함께 지내는 교실에 어떤 지원이 필요할까요? AIDT일까요, 아니면 아이들의 어려움을 이해하고 도와줄 작업치료사, 언어치료사, 물리치료사, 상담사, 소아청소년과 의사, 소아청소년정신과 의사, 간호사 등일까요?

19세기에 만들어진 1교실 1교사제로는 교사 한 사람이 다양한 아이들을 가르치는 데 한계가 있습니다. 학습 이외에도 다양한 발달 경로를 거치는 아이들을 이해하고 지원할 전문 인력이 필요합니다. 그래서 미국 애리조나주립대학교의 교육대학 학장 캐럴 G. 베이즐Carole G. Basile은 『미래 교직 디자인』이라는 책을 통해 1학급-1교사제가 만드는 교육 불평등을 해소하려면 전문성을 갖춘 팀이 필요하다고 언급하고 있습니다.

  이와 같은 전문가 협업 체제가 가능하려면 학교 조직이 지금처럼 교육적 효과를 측정해 본 적 없는 수많은 법령과 제도에 의해 경직된 상태에서 벗어나야 합니다. 학생을 이해하는 다양한 관점을 가진 전문가들과 학교 현장의 교사들이 한자리에 모여서 관찰과 측정 그리고 면담을 통해 학생의 성장과 발달에 적합한 지원이 무엇인지 논의한 뒤 지원해야 합니다. 그러려면 모두가 한자리에 모일 시간이 필요하고, 전문가를 섭외하고 지원할 지역 교육청의 역량이 필요하고, 이들과 협력이 가능한 법과 제도 그리고 예산이 필요합니다.

  이와 같이 학교 시스템을 변화시키기 위해 만들어진 법이 바로 '학생맞춤통합지원법'입니다. 하지만 2026년 전면 시행을 앞두고 '학생 맞춤 통합 지원' 선도 학교들은 걱정이 많습니다. 2026년부터 모든 학교에 전면 시행이 되면 이 사업 예산이 단위 학교에 별도로 지급될 계획이 없기 때문입니다. 지나친 감세 정책으로 예산이 줄어들었고, 교육예산이 방만하다면서 지방교육재정교부금으로 유보 통합도 하고, 늘봄학교도 운영하도록 하였습니다. 학교를 비롯한 교육기관에는 다양한 직군의 노동자가 있고 이들이 근무하는 시설에는 시설 운영비가 있으며 법령으로 정해 놓은 사업과 절차 역시 해마다 지출해야 하는 비용이 있습니다. 이를 고정 지출이라고 할 수 있죠. 해마다 상승하는 물가에 따라 고정 지출 역시 늘어납니다.

파이의 크기가 정해져 있기에 늘어나는 것이 있으면 줄어드는 것이 있습니다. 가장 손쉽게 떠올릴 수 있는 것이 단위 학교의 재량에 따라 운영 가능한 가용 예산을 축소하는 것입니다. 따라서 시도 교육청도, 개별 학교도 교육부가 특별교부금을 주는 사업을 신청하려고 합니다. 예산이 부족하니까요. 최근 교육부가 AIDT를 자율 선택하라고 해 놓고는 AIDT 채택률이 낮은 지역의 '디지털 교육 혁신 특별 교부금' 예산을 깎아서 시도 교육청이 교육부에 항의 의사를 전달했다는 소식*이 전해졌습니다. 교육부가 자신들이 추진하는 사업에 적극 호응하는 교육청에 더 많은 예산을 지원한 것이죠.

* 「AI교과서 이젠 돈싸움으로 번졌다… 채택률 낮은 곳 예산 깎였다」《헤럴드경제》, 2025.03.02.

학생의 학습에 주된 영향을 미치는 실행 기능의 발달에 어떤 영향을 미치는지 충분한 검증을 하지 못한 AIDT와, 다양한 사회적 배경을 가진 학생을 비롯해 모든 학생의 능력과 상황에 맞는 학생 맞춤형 통합 지원 체제 구축 중 무엇이 더 교육 격차 해소에 효과적일까요? 지난 2024년 12월 27일 이주호 교육부 장관은 교육부 정책 브리핑을 통해 다음과 같이 말한 바 있습니다.

"학생맞춤통합지원법 제정이 학생의 능력과 상황에 맞는 맞춤형 교육 체계를 구축하는 기반이 될 것으로 기대한다."

그렇다면 최소한 AIDT에 버금가는 예산과 인력을 지원해야 하는 것이 아닐까요? 충분한 과학적 검증도, 교사와 학부모의 동의도 얻지 못한 AIDT보다 지난 3년간 수백여 선도학교 교사와 학부모의 높은 호응을 얻은 학생 맞춤형 통합 지원에 더 많은 예산을 지원하는 것이 보다 합리적인 정책 결정이 아닐지요?